教育部人文社会科学研究"基础设施项目 PPP 模式物有所值（VFM）双阶段评价体系研究"（15YJAZH012）项目资助

# 基础设施项目运用 PPP 模式的 VFM 评价研究

杜 静　匡 彪　高 慧　著

·南京·

**图书在版编目(CIP)数据**

基础设施项目运用 PPP 模式的 VFM 评价研究/杜静，匡彪，高慧著. —南京：东南大学出版社，2021.5
 ISBN 978-7-5641-9524-3

Ⅰ. ①基… Ⅱ. ①杜… ②匡… ③高… Ⅲ. ①政府投资－合作－社会资本－应用－基础设施建设－中国 Ⅳ. ①F299.24

中国版本图书馆 CIP 数据核字(2021)第 095032 号

### 基础设施项目运用PPP模式的VFM评价研究
Jichu Sheshi Xiangmu Yunyong PPP Moshi De VFM Pingjia Yanjiu

| | |
|---|---|
| 著　　者： | 杜　静　匡　彪　高　慧 |
| 出版发行： | 东南大学出版社 |
| 出 版 人： | 江建中 |
| 社　　址： | 南京市四牌楼 2 号(邮编：210096) |
| 经　　销： | 全国各地新华书店 |
| 印　　刷： | 江苏凤凰数码印务有限公司 |
| 开　　本： | 890 mm×1240 mm　1/32 |
| 印　　张： | 5.875 |
| 字　　数： | 137 千字 |
| 版　　次： | 2021 年 5 月第 1 版 |
| 印　　次： | 2021 年 5 月第 1 次印刷 |
| 书　　号： | ISBN 978-7-5641-9524-3 |
| 定　　价： | 28.00 元 |

本社图书若有印装质量问题，请直接与营销部联系。电话(传真)：025-83791830

# 前　言

2004年我在日本爱知工业大学访学,从指导老师大根教授(日本大坝协会会长)那里首次接触到日本开展的PFI(Private Finance Initiative)项目,进而了解到这是起源于英国政府将私营部门资源(资金和管理经验)引入基础设施及公共服务部门的一种创新模式,引发了我和我的团队对PFI/PPP/BOT模式长达十几年的关注与研究。

初始研究PPP,看到的都是优势,可以把活跃的社会/民间资本引入到急缺资金的基础设施/(准)公共项目中,可以因此提高这些项目的效率与效益,可以减少或回避部分原由政府部门承担的建设、运营、融资等风险。但在深入学习与研究后,特别是我国大力推进PPP模式后,接触到很多实际案例,发现不是采用了PPP模式就能获得那些光芒四射的优势,前期对项目的筛选与评估极其重要,将在很大程度上决定着PPP项目能否成功实施,这也是前期开展物有所值(VFM)评价的意义。

2014年11月在财政部以财金〔2014〕113号印发的《政府和社会资本合作模式操作指南(试行)》中,明确提出要"从定性和定量两方面开展物有所值评价工作",而财金〔2015〕167号文给出了《政府和社会资本合作项目物有所值评价指引(试行)》。在仔细研读了这些文件后,也参加了一些PPP项目的VFM专家评审会,发现我国的VFM评价主要是事前评价,设置在项目识别阶段,这时项目的各项数据资料都还处于不完善、不准确的方案阶段,在项目准备和项目采购阶段很可能因方案细化、调整甚至改变发生数据的巨大变化而得出与前阶段VFM评价结果不一致的情况。项目前期偏于乐观的风险分析或不合理的风险分担,也会导致项目实际的 VFM 值与评价结果存在着较大偏差,造成 PPP 项目失败。参考英国财政部的 VFM 评估指南(HM Treasury, Value for Money Assessment Guidance, November 2006),我们设想对 VFM 进行双阶段评价,即在项目准备阶段确定实施方案并更新各项数据后再进行一次 VFM 评价,另外还要设置有条件通过的评价等级,做出更符合实际情况的 VFM 评价结论,来判断该项目采用 PPP 模式是否能获得物有所值。该研究思路有幸获得了教育部人文社会科学研究课题立项,本书即是该课题的研究成果。

通过这几年的研究,我们进一步认识到 VFM 评价应当与可持续发展理念相契合,评价中要以可持续发展为导向,强调对有限资源的合理利用,减少对环境与社会的影响,以及突出服务对不同群体的公平性。当前采用的 PSC 法较多考虑的是财务因素,未考虑到对社会与环境的正/负向影响。因此,将非财务因素合理纳入 VFM 定性评价中,增加项目的外部效应评价内容,可提高项目 VFM 评价的科学性、全面性。

VFM 评价的实践要避免流程与形式过于复杂、缺乏可操作性,又应确保评价结果的科学与合理性,我们深感研究还有很大的拓展空间。VFM 评价应当在理论与实践中平衡,既应注重前期决策中的应用,也需关注、积累项目建设与运营中实际的 VFM。通过反馈与持续改进,才能为基础设施 PPP 项目的健康与可持续发展提供更科学与准确的 VFM 评价。

本书撰写中除三位作者外,还得到了课题组何川高级经济师、袁竞峰教授等老师和同学们的大力支持和帮助,一并表示真诚的感谢。特别感谢吴洪樾同学在课题申报和前期研究中做的贡献。

杜 静

2021 年 4 月 10 日夜

# 目 录

1 绪论 …………………………………………………………… 1
　1.1 研究背景 ………………………………………………… 1
　　1.1.1 基础设施项目及传统的政府采购模式 ……………… 1
　　1.1.2 基础设施项目PPP模式的发展 ……………………… 2
　　1.1.3 完善PPP模式VFM评价的必要性 ………………… 3
　1.2 VFM评价海内外实践经验 ……………………………… 5
　　1.2.1 英国经验 ……………………………………………… 5
　　1.2.2 加拿大经验 …………………………………………… 8
　　1.2.3 澳大利亚经验 ………………………………………… 9
　　1.2.4 美国经验 ……………………………………………… 10
　　1.2.5 中国实践 ……………………………………………… 12
　1.3 国内外研究现状 ………………………………………… 15
　　1.3.1 国外研究现状 ………………………………………… 15
　　1.3.2 国内研究现状 ………………………………………… 16
　　1.3.3 研究述评 ……………………………………………… 19
　1.4 研究目的及意义 ………………………………………… 19
　　1.4.1 研究目的 ……………………………………………… 19
　　1.4.2 研究意义 ……………………………………………… 20
　1.5 研究内容、方法及技术路线 …………………………… 20
　　1.5.1 研究内容 ……………………………………………… 20
　　1.5.2 研究方法 ……………………………………………… 21
　　1.5.3 技术路线 ……………………………………………… 22

# 2 相关概念界定与理论基础 ········ 24
## 2.1 相关概念界定 ········ 24
### 2.1.1 PPP 模式 ········ 24
### 2.1.2 物有所值 ········ 27
## 2.2 相关理论基础 ········ 30
### 2.2.1 公共产品理论 ········ 30
### 2.2.2 交易成本理论 ········ 31
### 2.2.3 项目融资理论 ········ 32
### 2.2.4 可持续发展理论 ········ 34
### 2.2.5 工程经济理论 ········ 36

# 3 基础设施项目 VFM 双阶段评价体系构建 ········ 38
## 3.1 VFM 定性评价方法分析 ········ 38
### 3.1.1 VFM 定性评价方法选择 ········ 39
### 3.1.2 VFM 定性评价步骤 ········ 41
## 3.2 VFM 定量评价工具分析 ········ 42
### 3.2.1 成本效益分析法 ········ 42
### 3.2.2 PSC 法 ········ 43
### 3.2.3 案例清单法 ········ 45
## 3.3 VFM 双阶段评价体系与流程构建和分析 ········ 48
### 3.3.1 VFM 双阶段评价体系构建 ········ 48
### 3.3.2 "识别—准备"双阶段 VFM 评价流程 ········ 51

# 4 拟采用 PPP 模式的项目 VFM 定性评价分析 ········ 53
## 4.1 识别阶段 VFM 定性指标分析 ········ 53
### 4.1.1 VFM 定性评价指标选择 ········ 53
### 4.1.2 VFM 定性指标评价标准分析(以污水处理项目为例) ········ 54

4.2 准备阶段 VFM 定性指标分析 ·············································· 62
  4.2.1 VFM 定性评价指标选择 ············································ 62
  4.2.2 VFM 定性指标评价标准分析(以污水处理项目为例)
       ····································································· 63
4.3 双阶段 VFM 定性评价的指标权重分析 ·································· 71
  4.3.1 VFM 定性评价中权重测定方法的选择 ························· 71
  4.3.2 VFM 定性评价权重确定流程 ····································· 74
4.4 双阶段 VFM 定性评价结果分析 ··········································· 76

# 5 拟采用 PPP 模式的项目 VFM 定量评价分析 ···························· 78
5.1 项目 VFM 定量评价流程 ···················································· 78
5.2 VFM 定量评价的参数分析 ················································· 80
  5.2.1 折现率 ································································· 81
  5.2.2 合理利润率 ··························································· 84
5.3 政府支付的不同方法 ························································ 85
  5.3.1 财政部指引法 ························································ 86
  5.3.2 折现现金流模型法 ·················································· 87
5.4 PSC 值的组成及计算 ························································ 93
  5.4.1 初始 PSC ····························································· 93
  5.4.2 竞争性中立 ··························································· 96
  5.4.3 风险的调整 ··························································· 100
5.5 PPP 值的组成与计算 ························································ 108
  5.5.1 PPP 值的组成 ······················································· 108
  5.5.2 PPP 值的计算 ······················································· 109
  5.5.3 两阶段 PPP 值差异分析 ·········································· 112

# 6 案例分析 ··········································································· 115
6.1 项目背景 ······································································· 115

6.2 项目 VFM 定性评价分析 ……………………………… 116
　　　　6.2.1 识别阶段 VFM 定性分析 ……………………… 116
　　　　6.2.2 准备阶段 VFM 定性分析 ……………………… 117
　　6.3 项目 PSC 值的计算 …………………………………… 119
　　　　6.3.1 模拟污水处理厂项目界定 ……………………… 119
　　　　6.3.2 初始 PSC 现值计算 …………………………… 119
　　　　6.3.3 竞争性中立调整现值 …………………………… 122
　　　　6.3.4 风险量化 ………………………………………… 122
　　6.4 项目 PPP 值的计算 …………………………………… 126
　　　　6.4.1 测算合同价格 …………………………………… 126
　　　　6.4.2 政府投资部分成本 ……………………………… 128
　　　　6.4.3 政府保留风险价值 ……………………………… 128
　　6.5 项目 VFM 定量评价分析 ……………………………… 131
　　6.6 项目"识别—准备"两阶段 VFM 评价分析 …………… 131

**7 结论及 VFM 发展建议** ………………………………………… 133
　　7.1 结论与研究不足 ………………………………………… 133
　　　　7.1.1 结论 ……………………………………………… 133
　　　　7.1.2 研究不足 ………………………………………… 135
　　7.2 VFM 发展建议 ………………………………………… 136

**附录** ………………………………………………………………… 140
　　附录 A　污水处理 PPP 项目 VFM 定性指标准入条件调查
　　　　　　问卷 ………………………………………………… 140
　　附录 B　VFM 定性评价权重设置及专家打分调查表 …… 148
　　附录 C　案例分析专家信息表 ……………………………… 149
　　附录 D　识别阶段 VFM 定性评价权重设置及专家打分原始
　　　　　　数据 ………………………………………………… 150

附录 E　准备阶段 VFM 定性评价权重设置及专家打分原始
　　　　数据 …………………………………………………… 152

附录 F　阜康市西部城区污水处理厂及配套管网工程 PPP
　　　　项目运营成本计算表 ………………………………… 154

附录 G　阜康市西部城区污水处理厂及配套管网工程 PPP
　　　　项目风险概率及风险分配调查问卷 ………………… 158

附录 H　阜康市西部城区污水处理厂及配套管网工程 PPP
　　　　项目风险概率及风险分配调查问卷原始数据 ……… 161

**参考文献** ………………………………………………………… 169

# 1 绪论

## 1.1 研究背景

### 1.1.1 基础设施项目及传统的政府采购模式

随着中国经济的发展,新型城镇化进程不断加快。在支持经济发展和城镇化进程中,基础设施项目发挥着基础性的支撑作用,需求量巨大且一直处于高速增长趋势[1]。基础设施项目为社会提供公共利益及公共安全保障,包括电力设施、市政工程、通信工程等经济性基础设施以及医疗卫生、教育、社会保障等社会性基础设施[2],是当前我国经济发展和城市化进程中需重点解决的问题。基础设施项目的传统运作模式是国家投资、政府有关部门组织建设及运营管理[3],即传统的政府采购模式。然而,大量实践证明,仅依靠政府财政建设及运营基础设施和公共服务项目越来越困难,传统的政府采购模式存在着一些问题。

一方面,新建基础设施项目投资巨大,加剧政府财政压力。根据国家统计年鉴,2015—2019年各年全社会固定资产投资均超过56万亿元,各年同比增长逾5%。虽然同比增长的速度有所放缓,但固定资产投资总量仍不断增加,且增量大致处于逐年增长的趋势。2015—2019年全社会固定资产投资情况见表1-1所示。然而,长期以来,基础设施项目建设的投入或通过财政支出安排,或主要采用政府向社会、银行、国外的间接融资来实现。在近几年实施积极财政政策以拉动经济增长的过程中,各地政府通过银行贷款、增发债券来满足基础设施建设的融资需要,增大了我国地方政府财政压力,形成大量的政府债务[4]。这种状况不仅加大了项目建设运营的风险,更使各级政府面临长期巨大的偿债压力,影响着我国基础设施项目的可持续发展。

表 1-1　2015—2019 年全社会固定资产投资

| 年　份 | 2015 | 2016 | 2017 | 2018 | 2019 |
| --- | --- | --- | --- | --- | --- |
| 全年全社会固定资产投资/亿元 | 562 000 | 606 466 | 641 238 | 645 675 | 560 874 |
| 同比增长 | 11.8% | 8.6% | 7.0% | 5.9% | 5.1% |

注:全社会固定资产投资总额是以货币形式表现的在一定时期内全社会建造和购置固定资产的工作量以及与此有关的费用的总称

另一方面,政府提供的服务水平不高且效率较低,难以满足社会发展需求。基础设施的运营维护需要时间、资金以及管理人员等资源的投入。政府依靠财政支持,不注重项目的效益分析,从而表现出公共部门缺乏降低成本、提高质量和追求利润的外在压力与内在动力,造成社会资源的浪费,不利于基础设施项目的持续健康发展[5]。而且,基础设施属于公共物品,政府在提供公共物品时处于天然的垄断地位,缺乏有效的竞争[6]。因此,相对于社会资本先进的管理经验,政府在基础设施运营及维护等服务提供方面,存在生产效率不高、服务质量较低、无法满足经济社会快速发展的需要等问题。

### 1.1.2　基础设施项目 PPP 模式的发展

实际上,在国际社会中,各国在基础设施项目发展中都不同程度地遭遇过上述问题,并在不断地寻求解决的途径。一些国家和地区探索引入公私合作伙伴关系(Public-Private Partnership,简称 PPP)模式来解决基础设施项目融资、建设和运营等问题,希望借由社会资本的参与,降低政府的财政负担、提高项目运营效率。在中国,PPP 模式的官方翻译为"政府与社会资本合作模式",是政府为增强公共产品和服务供给能力、提高供给效率,通过特许经营、购买服务、股权合作等方式,与社会资本建立的利益共享、风险分担及长期合作关系[7]。该模式源于 1992 年英国政府提出的私人主动融资(Private Finance Initiative,简称 PFI)模式,因其在减轻政府财政负担、提高公共项目建设运营效率等方面的特有功能,得到不少国家的重视与采用。

自 20 世纪 80 年代引入我国,PPP 模式在我国经历了探索试行(1984—2002 年)、试点推广(2003—2008 年)、停滞反复(2009—2013 年)、快速推广(2014—2017 年)和理性发展(2017 年至今)五个阶段[8]。在探索试行阶段,主要是在发电厂、自来水厂和公路等领域探索采用 BOT 模式,如广西来宾 B 电厂、成都第六自来水厂和广深高速公路。随后,在党的十六大背景下,为了充分发挥市场在资源配置中的基础性作用,建设部等部门出台相关文件支持鼓励国内外投资者以特许经营等方式投资污水处理、供水、供热和交通等领域,PPP 模式在各地开始兴起。但因 2008 年金融危机的影响,基础设施领域投资调整为主要依靠政府引导的财政资金和信贷资金。这对私人投资产生一定的挤出效应,PPP 模式的发展出现停滞[9]。自 2014 年,财政部与发改委相继出台了系列文件大力推进 PPP 模式的发展。到 2017 年 11 月,全国 PPP 项目逾 14 000 个,投资额超 17 万亿元。然而,在此阶段,PPP 项目的发展出现了一些问题,如落地率不高、变相融资和虚假 PPP 项目等,没有实现解决地方政府债务、提高效率等目标。鉴于此,自 2017 年年底,政府部门发布系列监管文件,通过严格新项目入库标准、集中清理已入库项目来指导 PPP 模式的规范运作。至今,PPP 模式的发展逐渐放缓,趋于理性发展。根据全国 PPP 综合信息平台项目管理库统计数据,截至 2020 年 6 月底,累计在库项目 9 626 个、投资额 14.8 万亿元;签约落地项目 6 546 个、投资额 10.3 万亿元,落地率为 68%;落地率从 2017 年底的 19%上升至 68%[10]。

### 1.1.3 完善 PPP 模式 VFM 评价的必要性

PPP 模式在基础设施建设中得到广泛的应用,但并不是所有的基础设施项目都适合采用这一模式。在PPP模式快速推广阶段(2014—2017年),存在着大量因地方政府未经分析论证盲目上马PPP项目而导致退库的案例。这些实践证明,并不是所有的项目都适合采用PPP模式。此外,海内外也有许多PPP项目失败案例,如英法海峡隧道、美国91号快速路、泉州刺桐大桥和杭州湾跨海大桥等。虽然导致PPP项目的失败存在着众多原因,但其中一个重要的原因是:这些项目可能不适合采用PPP模式[11]。失败的PPP项目不但给项目实施带来困难,降低社会公众整体福利;也会给公共部门和私人部门带来巨大损失,不利于社会的发展[12]。因此,需要在项目前期决策对是否采用PPP模式开展规范和科学的评估,用定性、定量相结合的方法判断项目采用传统采购模式的总成本是否大于采用PPP模式的所有费用,即物有所值(Value for Money,简称VFM)评价,只有当VFM>0时采用PPP模式才是合理的。

物有所值评价是判断是否采用PPP模式代替政府传统投资运营方式提供公共服务项目的一种最常用的评价方法[13]。我国以英国VFM评价体系为主要参考,于2015年公布了《PPP物有所值评价指引(试行)》①,正式引入物有所值评价体系。结合出台的系列文件,对基础设施项目采用PPP模式的评价决策已经有了方向性和指导性的规定。但现有文件对于评价标准和程序的阐述仍过于简单,而且仅规定在识别阶段开展物有所值评价,与国际惯例不符,难以发挥物有所值评价的优势[14]。为完善物有所值评价,财政部于2016年增发了《政府和社会资本合作物有所值评价指引(修订版征求意见稿)》,但之后并没有文件对此做出陈述。修订版征求意见稿实际并未落地,我国VFM评价体系亟待改善。目前,物有所值评价已经在一些国家和地区逐渐推广,且发展较为成熟。因此,借鉴海内外经验

---

① 2015年12月18日财政部以财金〔2015〕167号印发《政府和社会资本合作项目物有所值评价指引(试行)》,自印发之日起施行,有效期2年。目前,167号文处于失效状态,新的指引文件尚未出台。

并结合本国国情,完善和规范基础设施项目 PPP 模式 VFM 评价已成为亟待解决的问题。

## 1.2 VFM 评价海内外实践经验

物有所值评价在一些国家和地区得到应用,但所采用 VFM 评价的程序、方法和所选择的指标存在差异。其中,英国、加拿大、澳大利亚和美国等国家和地区对 VFM 评价较为完善。

### 1.2.1 英国经验

英国是最早将 VFM 引入公共基础设施项目比选是否采用 PPP/PFI 采购模式的国家[15]。2004 年,英国财政部(HM Treasury)颁布了指导进行 VFM 评价的文件 *Value for Money Assessment Guidance*(2004),取代了财政部专责小组的 *Technical Note* 5(技术指引 5)来判定是否采用 PPP/PFI 模式。之后在 2006 年,英国政府在此基础上进行修正,公开了 *Value for Money Assessment Guidance*(2006),代替了 2004(版),用以指导决策者基于 VFM 来做出决策最终是采用 PPP 模式还是采用传统模式来交付公共项目。

*Value for Money Assessment Guidance*(2006)将物有所值评价分为了三个阶段:项目群阶段评价、项目阶段评价和采购阶段评价。其中,第一、二阶段需要分别进行定性和定量评价。整个 VFM 评价的流程见图 1-1 所示。阶段一,采购部门应对认为可能适合通过 PFI 模式进行采购的项目群进行定性和定量分析。阶段二,项目小组对组成项目群的单个方案进行更加详细的定性与定量分析,并形成商业大纲案例(Outline Business Case,简称 OBC)。阶段三,当这些评价得出 PFI 会实现物有所值时,持续评估 VFM 驱动因素直到融资关闭(Financial Close),并形成官方公报(Official Journal of the European Union,简称 OJEU),以保证前阶段的结论在最新信息

(包括市场状况)下仍然有效。

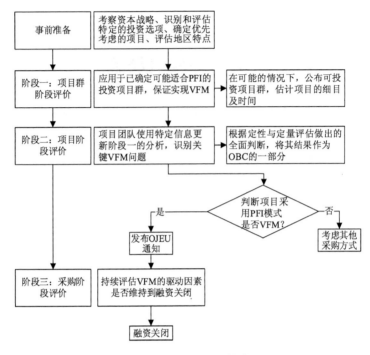

图 1-1 英国 VFM 评估流程

各阶段的 VFM 定性评价内容见图 1-2 所示。定性评价指标主要包括可行性、有益性、可实现性等,既包括对各项指标的评价,又包括对整体指标的评价。

英国财政部于 2011 年 12 月发布的 *Quantitative Assessment*: *User Guide* 中对 VFM 定量评价做了详细说明,并公布了辅助进行 VFM 定量评价的电子表格评价模型。采用公共部门基准比较法 (Public Sector Comparator,简称 PSC),通过对 PFI 模式与传统采购模式提供同种数量和质量的产品或服务并经风险调整后的现金流进行比较,以及对影响两种模式的各变量进行无差别点分析,确定定量评价的关键变量与阈值。

2012年12月,英国财政部推出了新的公私合作的模式PF2(Private Finance 2),其显著特征是政府有关部门参股,投入一定比例的资本金,并倡导通过寻求提供更广泛的股权和债务融资渠道、改进采购流程和加快交付速度等来提高项目融资的物有所值。然而,在后期实践中因PFI和PF2模式广受争议,主要集中在缺乏灵活性和可能给政府带来财政风险等问题,英国财政部于2018年底宣布不再继续使用PFI和PF2采购模式[16]进行基础设施和公共服务采购。英国政府虽然明确停止使用PFI和PF2采购模式,但这并不意味着政府未来放弃利用社会资本开发基础设施项目,政府支持能够真正实现物有所值和有效风险转移的PPP项目。

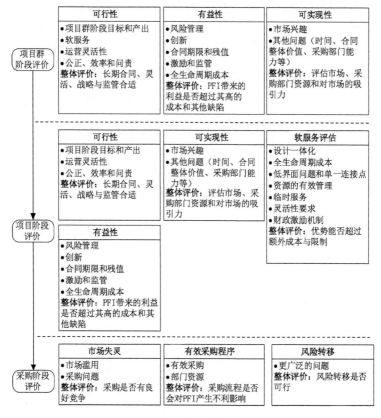

图1-2 英国VFM定性评价

### 1.2.2 加拿大经验

加拿大是国际上运用 PPP 最好的国家之一,逐年稳步发展[17]。加拿大 PPP 中心(PPP Canada)在 *PPP Canada New Building Canada Fund- Procurement Options Analysis Guide* 中指出对基础设施采用 PPP 交付模式和传统的采购模式的选择分析包含了 6 个部分,即采购选项分析、定性分析、市场测探、定量分析、综合推荐和采购策略。采购选项分析是通过涵盖了 14 项指标的筛选矩阵,采用 5 级评分标准,通过加权评分结果,根据结果所在范围判断项目采用 PPP 模式的可行性,以此协助各部门和机构评估项目是否具有采用 PPP 交付模式的潜力[18]。14 项指标分别为:投资规模、社会资本的专业知识、市场先例、基础设施用地类型、社会资本的创新空间、安全需求、合同整合的潜力、资产寿命、资产类别数目、基于绩效的输出规范、运维要求的稳定性、绩效规范和指标、修复成本、创收能力。

定性分析也与 VFM 评价密切相关,分为三个步骤:制定定性标准和评分方法、评估和对比交付模式、敏感性分析与解决措施,见图 1-3 所示。该指南也提供了 18 个参考定性指标,在实际操作中根据

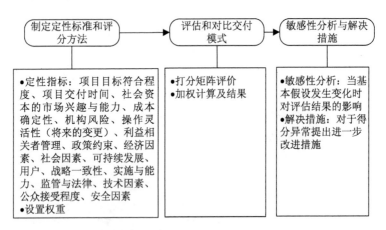

图 1-3  加拿大 VFM 定性评价程序

具体项目情况选择7~10个适宜指标,并注意避免同一指标在定性与定量评价中重复考虑。然后根据项目的总体目标、行业经验等,客观地确定各指标相对重要性,确定指标权重。再遵循评价标准与方法对所需考虑的交付模式(PPP模式、传统政府采购模式)通过打分矩阵进行评估。最后,通过敏感性分析当基本假设内容发生变化时对评估结果的影响,以了解采购模式的优势程度,并针对得分特别高或特别低的因素制定解决措施,形成评估结果。

在VFM定量评价方面,加拿大也是采用PSC模型进行评价。在考虑建设成本、运维和生命周期成本、竞争性中立、税收、风险自留等成本信息的基础上,构建PSC值及PPP值模型,并经风险调整后进行对比,得出VFM分析结果。之后,也需进行敏感性分析,识别关键因素,并制定解决措施。

### 1.2.3 澳大利亚经验

澳大利亚基础设施中心(Infrastructure Australia)在指导公共基础设施采用PPP模式方面先后颁布并修订了国家PPP政策框架、国家PPP指引概述、国家PPP详细指导材料等系列指导文件。其中,PPP详细指导材料包括采购方式分析、从业人员指导、PSC指南、折现率方法指南等7卷以及应用路线图。指导文件中指出:在满足项目资金规模门槛(即项目总价值超过5 000万美元),以及物有所值的驱动因素存在的情况下,PPP模式才可能是一个合适的采购方式。VFM的驱动因素主要包括:项目规模和长期性、复杂的风险状况和风险转移、全寿命周期成本、创新、可测量的产出、资产利用率、更好地集成设计施工和运维的要求、竞争情况[19]。

在澳大利亚,基础设施可通过不同的模式进行交付,包括PPP模式、联盟承包、管理承包模式、设计建造与运维、设计与施工、总价或固定单价合同等7种模式。对于以上7种交付模式的选择分析包括了5个阶段[20],见图1-4所示,其中的核心的分析与VFM定性评价密切相关。在对项目及市场状况等资料进行收集的基础上,针对上述 VFM 驱动因素对可能的交付模式逐一进行适应性分析,并构建交付模式清单。在验证阶段,通过参考案例和市场情况对清单结果进行验证。然后,在交付模式选择分析阶段根据 9 类指标,来判断哪种模式能更好地实现目标并降低风险。这 9 类定性指标分别为:设计(复杂性、实现性、灵活性、设计、创新及利益)、能力(合适的承包商、内部资源与技能)、全寿命周期(资本优势、成本估算、维护与处理责任)、政治(政府政策、其他政治考虑)、规模(预计成本、阈值)、成本(严格成本控制)、确定性(绩效指标的设计与可实现性、成本确定性)、项目特点(项目特定风险因素、环境因素)和时间限制(时间限制适应性、最后期限)[21]。

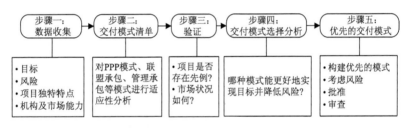

图 1-4 澳大利亚交付模式的选择步骤

对于 VFM 定量评价,澳大利亚与英国和加拿大类似,也是采用 PSC 值进行比较的方法。PSC 值包括在合同有效期内根据具体项目贴现率计算的预计现金流的净现值(即初始 PSC)、竞争性中立、风险转移以及风险自留。在采购决策阶段,将测算的 PSC 值用作评估投标的定量基准,来判断是否采用 PPP 模式[22]。

### 1.2.4 美国经验

在美国,PPP 模式已运用于交通、监狱或拘留所、水处理、福利、保健和医疗服务、学校教育、城市重建、环境保护等领域,但这些项目大多在州层面运作,市场碎片化,未建立统一的程序或惯例。而在一些情况下,政府是通过在招标过程的合同中要求私营企业提供的服务成本应低于由政府所提供的成本,以此实现物有所值。如州政府对私人监狱要求私营企业提供服务的成本低于政府的5%～10%[23]。

近年来,美国在PPP制度方面不断完善,也包括VFM评价的方法与流程。2012年12月,美国联邦公路管理局(Federal Highway Administration,FHWA)发布了 *Value for Money Assessment for Public-Private Partnerships:A Primer* 明确了在三个阶段,即采购前、采购中以及全生命周期需进行物有所值评价。在定量方面,分别通过PSC值与影子报价、实际报价和实际PPP运营状况对比,完成各阶段VFM的定量分析。此外,在各阶段的VFM评价都需要重新考虑定性因素,并通过多项选择分析方法(Multiple Choice Analysis)进行评价。

2013年12月,FHWA公布了 *Guidebook for Value for Money*,给出了PPP项目物有所值评价的步骤与内容,见图1-5所示。物有所值评价分为四个步骤:范围与定义、定性分析、定量分析以及VFM比较。定性分析是确定PPP模式与传统采购方式的预期差异,为定量分析做准备,这些差异与成本、收入和风险有关。定性评价需考虑成本、收益和风险等财务影响,质量差异、交付方式变化等非财务影响以及公众对于PPP概念的认知与信任。定性评价的指标与方法在2013年公布的 *P3-Screen Supporting Guide* 中予以明确,共7类,包含了17项指标,即合法性(发起者的权利)、规划与环境(长期规划、环境评审)、公众支持(当地支持、政治支持)、组织能力(技术能力、政策指导)、项目范围和复杂性(规模、风险分配、创新、效率、质量、全生命周期成本)、承受能力(短期和长期的财务能力、收入潜力)、行业兴趣(行业能力、行业兴趣)[24]。

2019年5月,美国联邦公路管理局联合运输部(Department of Transportation)以及交通署(Federal Transit Administration)又联合发布了 *Public-Private Partnership(P3)Procurement:A Guide*

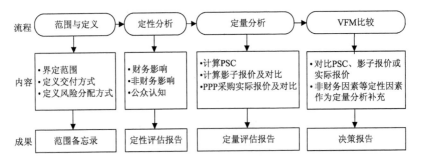

**图 1-5　美国 PPP 项目物有所值评价流程与内容**

*for Public Owners*[25]用以指导采用 PPP 模式采购地面运输项目的程序、问题和考虑事项等,尤其是公路和运输投资。该指南明确了在这些领域的提前采购阶段,需进行 VFM 分析以确定项目价值、可实现性以及项目交付方式。

### 1.2.5　中国实践

我国以英国 VFM 评价体系为主要参考,当前已形成初步的 VFM 评价体系。财政部于 2015 年 12 月公布了《PPP 物有所值评价指引(试行)》以指导 PPP 项目开展物有所值评价,并将物有所值评价作为判断是否采用 PPP 模式代替政府传统投资运营方式提供公共服务项目的一种评价方法。该指引要求对拟采用 PPP 模式实施的项目,在项目识别或准备阶段开展物有所值评价。物有所值评价工作流程见图 1-6 所示。

在定性评价方面,采用基本评价指标和补充指标相结合的方法,根据指标权重和得分,加权确定定性评价结果。基本评价指标共六项,包括:全生命周期整合程度、风险识别与分配、绩效导向与鼓励创新、潜在竞争程度、政府机构能力、可融资性。补充指标是由项目本级财政部门(或 PPP 中心)会同行业主管部门,可根据具体情况设置,包括项目规模大小、预期使用寿命长短、主要固定资产种类、全生

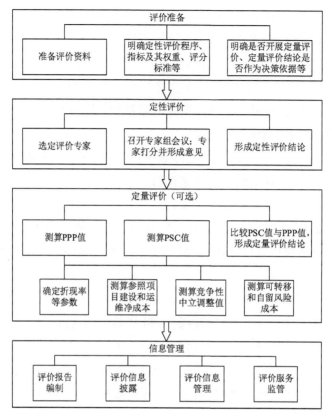

图 1-6 物有所值评价工作流程

命周期成本测算准确性、运营收入增长潜力、行业示范性等。其中，六项基本指标权重为 80%，补充评价指标权重为 20%。根据专家组意见，做出定性评价结论。评价结果不低于 60 分，通过定性评价；否则，未通过定性评价。

在定量评价方面，我国也是在假定采用 PPP 模式与政府传统投资方式产出绩效相同的前提下，通过对 PPP 项目全生命周期内政府方净成本的现值（PPP 值）与公共部门比较值（PSC 值）进行比较，判断 PPP 模式能否降低项目全生命周期成本。定量评价可作为项目全生命周期内风险分配、成本测算和数据收集的重要手段，以及项目决策和绩效评价的参考依据。其中，PPP 值视为 PPP 项目全生命周期内股权投资、运营补贴、风险承担和配套投入等各项财政支出责任的现值。PSC 值为参照项目的建设和运营维护成本、竞争性中立调整值和项目全部风险成本的全生命周期限制之和。用于测算 PSC 值和 PPP 值的折现率相同。根据测算结果，当 PPP 值小于或等于 PSC 值，通过定量评价；否则，未通过定量评价。

因我国在实践中缺乏充足的数据积累，难以形成成熟的计量模型，故物有所值评价仍处于探索阶段。现阶段我国的物有所值评价以定性评价为主，鼓励开展定量评价。最后再统筹定性评价和定量评价结果，做出物有所值评价结论（分为"通过"和"不通过"）。若物有所值评价通过，可进行财政承受能力论证；若不通过，可在调整实施方案后重新评价，仍未通过的则不宜采用 PPP 模式。

之后，各省市在此文件指导下，遵照执行上述评价内容与评价流程对拟采用 PPP 模式项目开展 VFM 评价。在规范 PPP 项目发展中，也对各地开展的物有所值评价工作提出了更高的要求。如四川省在规范物有所值论证工作中，强调定量评价的作用，提出改变重定性评价轻定量评价、以预期结果倒推评价过程的做法，确保投资成本降低、供给质量提升、项目物有所值[26]。

通过比较分析可见：相对于 VFM 程序较为完善的国家和地区，我国物有所值评价仍处于初步发展阶段。海外的物有所值的评价体系较为完善，具有规范的评价方法、评价流程与评价指标，且都是采用定量与定性相结合的 VFM 评价体系。在定性评价方面，当前我国未对评价指标进行分层，而且较为单一，涵盖范围不够。在定量评价方面，我国处于尝试阶段。物有所值评价以定性评价为主，鼓励开展定量评价，进行折现率、风险成本等计算。此外，英国、加拿大、澳大利亚和美国均在项目多个阶段开展物有所值评价，随着项目的进展，VFM 评价的结果也越准确。这对于构建我国物有所值评价体系具有参考价值。

## 1.3 国内外研究现状

### 1.3.1 国外研究现状

国外学者注重对 VFM 评价的范围的思考。Petersen[27]提出如果 PPP 项目提供的基础设施服务：在相同的质量水平上以较低的全生命周期成本提供，或以相同的全生命周期成本提供较高的服务质量（或两者的组合），则 VFM 可视为增加。Shaoul[28]指出，VFM 评价不应只考虑经济成本，应从多个层次全面系统评价，随即提出将 3E（Economy、Efficiency、Effective）模型运用到 VFM 评价中。Morallos 等[29]提出决策是否采用 PPP 模式应更加注重效率而非低成本，侧面证实了 Shaoul 的理论。而 Kweun 等[30]提出 VFM 评价不量化所审查的设施以外的社会效益和成本，不考虑 PPP 模式加快项目交付的潜在效益，也不考虑私人机构是否有资金支付该项目。

国外学者对各国或各地区的 VFM 评价体系进行了深入研究，Grimsey 等[23]通过调查研究，比较分析了 29 个国家和地区的 VFM 评价方法，并针对英国和澳大利亚 VFM 评价的实际操作流程，阐述了 PSC 的基本组成，并分析了 PSC 计算过程中的内在假设导致 PSC 计算存在主观性的问题。Takim 等[31]分析比较了英国、澳大利亚、日本和马来西亚四国的 VFM 评价体系，在借鉴其他三国的基础上，提出马来西亚 VFM 评价体系的改进措施，并指出政府出台 VFM 评价的指导文件是十分必要的。Cruz 等[32]为获取作为 VFM 评价工具的 PSC 的关键组成部分及要素，对澳大利亚、中国香港、爱尔兰、南非等国家和地区的 PSC 进行深入细致调查，并通过类比分析提出 PSC 计算模型。Coulson[33]对英国财政部于 2004 年与 2006 年出台的两版 PFI 招标准则进行深入分析，提炼出 VFM 定量评价的关键因素,即折现方法、生命周期及残值、利润率、税费成本、风险量化与分担,并对这些关键因素进行了细致的分析。

学者们也对具体评价方法展开了研究。Grimsey 等[23]通过研究英国 VFM 评价体系,认为英国当前 VFM 评价计算过程中使用的折现率过于保守,对英国 VFM 评价提出质疑和评判,提出折现率的选取应将财政资金的机会成本考虑在内,以体现财政资金的真正价值。Cruz 等[32]选取两个医疗 PPP 项目,其中一个包含建设及维护,另一个包含建设、运营及维护,通过分析折现率的选择对这两个项目 PSC 的影响,指出折现率的变化对 PSC 的影响较大,且包含运营阶段的项目对于折现率的变动更为敏感。

虽然众多学者对 VFM 评价持支持态度,然而也有学者对 VFM 评价提出质疑。van Wyk 等[34]通过对英国 PFI 项目 VFM 评价的深入研究,认为 PFI 风险评估的透明度难以衡量,且 PSC 计算过程中忽视了难以用货币量化的项目,如服务质量、更广泛的政策目标等。Kweun 等[30]对多个国家的 VFM 评价进行比较分析,发现物有所值评价可应用于项目开发的各个阶段,但目前主要应用于前期建设阶段,用作 PPP 项目的事后评估仍然较少。Quiggin[35]通过对澳大利亚基础设施的具体实践的深入研究,发现澳大利亚早期基础设施项目中私人融资方式不合理,这也是导致社会成本居高不下的原因。

### 1.3.2 国内研究现状

我国 VFM 评价起步较晚,国内学者对 VFM 评价的研究起始于对国内外 VFM 评价体系的研究。申玉玉[36]通过对国内外 VFM 研究成果的梳理,提出 VFM 评价流程并阐述了其评价方法。高会芹等[37]、刘勇等[38]、吴洪樾等[17]比较分析了英国、澳大利亚、加拿大和美国等各国或各地区 VFM 评价方法,以期为我国 PPP 项目 VFM 评价提供思路。李佳嵘[39]借鉴英国、澳大利亚、南非和中国香港的

PSC评价体系,对我国内地PSC评价体系进行了本土化改进,提出适宜我国国情PSC评价体系。孙慧等[40]借鉴英国、澳大利亚、南非和中国香港等国家和地区的PSC体系,结合我国PPP项目特点,对PSC进行了修正和调整。胡蛇庆等[41]通过比较发达国家基于PSC评价方法的VFM评价体系,在我国现有评价基础上提出了相关的改进措施。

自2015年我国官方引入物有所值评价体系,物有所值评价领域研究表现出"井喷"态势,远超过2015年前研究量,且扩展到实证分析与技术论证与改进。孙晓丽[42]在梳理污水处理项目与BOT模式的特点基础上,对污水处理BOT项目的PSC与LCC的指标内容进行了识别与界定,提出污水处理BOT项目的VFM定量评价模型,并应用具体案例进行实证分析。钟云等[43]提出水利工程PPP项目VFM评价方法,选取PSC作为VFM评价工具并重点介绍了其计算过程。张晓然[44]提出城市轨道交通PPP项目VFM定量评价方法,详细介绍PSC、影子报价PPP与实际报价PPP的组成及计算方法。刘辰星[45]提出基于PSC评价方法的海绵城市PPP项目VFM定量评价体系,并通过实例对VFM评价方法进行验证,在此基础上提出改进和完善海绵城市PPP项目VFM评价的建议。

在VFM评价技术论证与改进方面,相关学者对VFM定性评价和定量评价展开研究。定性评价相关研究主要针对定性评价指标的确定和评价方法。马垚垚等[46]指出当前物有所值定性评价指标所包含的6项基本指标不具有广泛的适用性且不全面。陈文学[47]基于文献分析丰富了物有所值定性评价指标,共7大类26个指标,涉及参与方因素、风险管理因素、成本收益因素、项目特征因素、项目管理及外部影响、合同因素和环境因素。现有研究尝试采用较为客观的评价方法完善VFM定性评价。罗涛等[48]采用改进的不确定性层次分析法确定定性指标权重,并结合异权重专家打分法修正指标打分,以获得物有所值定性评价结果。陈晶琳[49]以城市地下综合管廊PPP

项目为例,采用了 C-OWA 算子赋权法和二维语义专家赋权法对物有所值定性评价进行了改进,以降低专家评价的主观影响,提高评价准确性。蔡林东[50]针对当前物有所值定性评价方法缺乏可信度的问题,提出在定性评价过程中加入"离散修正值",使定性评价结果更加完善。

对物有所值的定量评价关注于折现率、风险计算等方面。折现率是物有所值定量评价的重要因素之一。高华等[51]认为计算 PSC 值和 PPP 值各年的现金流量需要考虑供给方式的差异,资金成本差异、不确定性和资产专用性等会造成各方期望回报率不同,因此提出分别用社会时间偏好率(STPR)、CAPM 模式+考虑风险分配确定的投资者期望收益率来确定 PSC 值和 PPP 值中运营补贴支出折现率。王姚姚等[52]基于第三批 PPP 示范项目数据分析,提出当前我国 VFM 评价的取值方法最常采用的是地方政府债券收益,折现率在 5%~6.5%之间,使用者付费模式和政府付费模式的折现率分别对应最大值和最小值。此外,采用 PPP 模式的风险值计算是研究的另一热点。苏汝劼等[53]以北京地铁四号线为例,运用蒙特卡洛模拟方法对项目的净转移风险进行模拟,以此计算 PSC 值。常雅楠等[54]运用三角模糊函数和集值统计的方法评估 PPP 项目风险的损失大小和出现概率,并结合博弈论确定风险分担方,辅助物有所值定量评价。

国内学者也对我国 VFM 评价操作实践中存在的问题展开了研究,主要集中在关键参数的确定、风险量化等方面,并对未来 VFM 评价的改进做了探索。陈思阳等[55]批判了当前折现率由省级财政部门同行业主管部门按照行业的分类制定不同的折现率的做法,认为折现率的确定存在乐观的假设,会影响到物有所值评价的结果。彭为等[56]在分析多个国家和地区的 VFM 评估后提出 VFM 评估主要是从政府决策角度比较两种采购方式在成本上的差异,忽视了项目在未来时期可能的收益。针对当前 VFM 发展中存在的问题,学者们基于海内外VFM评价实践经验对VFM的改进提出了相应措施。崔彩云等[57]提出VFM实践中应该采取定性与定量相结合的方法。程哲等[14]针对当前VFM以经济效益为导向,缺乏对公众社会福利的考虑,提出将物有所值评价从单纯的技术经济评估转向以经济、社会和环境等为核心的综合效益评估,即"Value for People"。

### 1.3.3 研究述评

国外学者对VFM评价体系的研究涉及VFM评价的潜在问题、折现率、PSC、VFM评价的关键影响因素等方面的研究,研究较为深入和全面;我国学者对VFM评价的研究多集中在对其他国家VFM评价的梳理、阐述VFM评价的原理、分析在基础设施各领域方面的应用等方面,对VFM评价体系在基础设施领域的研究有待深入。此外,目前已有文献指出我国VFM评价过于形式化,导致PPP项目后续发展出现众多问题,可见对于构建便于在我国推广且不流于形式的VFM定性评价方法和VFM定量评价的研究有待深入。

## 1.4 研究目的及意义

### 1.4.1 研究目的

通过本书的研究,以期实现以下研究目的:

(1) 构建VFM评价体系:通过吸取诸如英国、澳大利亚和加拿大等VFM实践发展较为成熟的国家的经验,基于我国PPP模式发展现状及VFM实践,选择适当的物有所值定性评价与定量评价的方法,构建适宜我国国情的VFM双阶段评价体系。

(2) 研究VFM定性评价方法:逐一设定拟采用PPP模式的项目的识别阶段与准备阶段的VFM定性评价指标、准入条件和合格标准,分析指标权重和定性评价结果的确定方法。

（3）研究 VFM 定量评价方法：确定 VFM 定量评价流程、关键参数选择方法、各指标组成及计算方法等，构建 VFM 定量评价模型。

（4）验证研究结果的可行性：选择实际案例，以案例为背景，按照 VFM 评价研究成果对项目开展 VFM 评价，以验证研究成果的可行性。

#### 1.4.2 研究意义

本书在分析国内外 VFM 评价方法的基础上，结合我国实际情况，构建适合为我国基础设施项目采购方式选择（传统模式与 PPP 模式）提供科学决策的"识别-准备"双阶段 VFM 评价体系。通过文献分析、专家调查、问卷调查等研究方法，追溯 VFM 评价的理论基础，提出适宜我国基础设施 PPP 项目的定性评价与定量评价的方法与流程，从而可以实现对基础设施项目进行甄别、挑选，确定适宜采用 PPP 模式的项目，完善、丰富 VFM 评价的理论研究。

本课题对 VFM 评价展开系统研究，构建 VFM "识别－准备"双阶段评价体系，在定性评价中确定的指标、准入条件和评价标准以及增设的"有条件通过"评价结果，定量评价中分析的关键参数选择、计算指标组成与计算方法均可为业界 VFM 评价工作提供可操作的参考，推进基础设施 PPP 项目的物有所值评价，对于促进我国 PPP 模式以及 VFM 评价的健康、可持续发展有着重要意义。

## 1.5 研究内容、方法及技术路线

### 1.5.1 研究内容

本研究对拟采用 PPP 模式的基础设施项目 VFM 评价方法展开分析，主要研究内容包括以下四个部分：

（1）分析海外VFM评价实践经验，探讨可用的物有所值定性与定量评价方法；结合我国实践探索，选择适当的评价方法与程序；构建我国基础设施项目PPP模式VFM评价体系（VFM"识别－准备"双阶段评价体系）。

（2）在VFM双阶段评价体系的指导下，采用文献分析与问卷调查法逐一分析项目识别阶段、准备阶段的VFM定性评价指标、准入条件和评价标准；并对指标权重的确定、评价结果的计算进行了探讨。

（3）在VFM双阶段评价体系的指导下，讨论了定量评价中确定关键参数（折现率、利润率）的方法及其适用范围；运用财政部指引法与现金流折现模型法对政府不同支付机制下政府运营补贴的支出展开了分析；并基于此，分析了PSC值、PPP值的组成与计算，明确VFM定量评价的计算方法。

（4）通过实际案例分析，选取第三批国家PPP示范项目之一的阜康市西部城区污水处理项目及配套管网PPP项目作为分析对象，对提出的VFM评价方法进行验证。

## 1.5.2　研究方法

基于以上研究内容，本研究采用的主要研究方法有：文献分析法、问卷调查法与专家调查法、组合赋值法、现金流折现法、情景分析法和案例分析法。

（1）文献分析法

通过对已有文献和VFM海内外实践系统全面的梳理，了解VFM领域研究现状与发展现状，为拟采用PPP模式的基础设施项目VFM评价体系的构建奠定理论基础。同时，该方法也运用到定性评价指标的选择、准入条件与评价标准的识别与拟定，保证分析结果的科学性。

（2）问卷调查法与专家调查法

本研究在文献分析的基础上，结合在PPP咨询的实践经验，通过问卷调查与专家访谈确定 VFM 定性评价指标的准入条件。此外,案例分析中定性评价的指标权重确定、定量评价的风险分配都是通过专家调查法得到的。

(3) 组合赋值法

本研究在定性评价确定指标权重时,选择组合赋值法(向量相似度法),将主观赋值法与客观赋值法的优势结合起来,对以主/客观赋权法获得的权重计算向量相似度来进行权重修正,既考虑到了决策者和专家的主观意向,又能够通过数学方法保证权重的客观性,使得定性指标权重的确定与实际情况更相符。

(4) 现金流折现法

本研究选用现金流折现法作为"识别-准备"双阶段 VFM 定量评价的基本方法,通过对项目未来的现金流及风险进行估计,选择合适的贴现率,将未来的现金流量折合成现值,从而保证 PSC 值与 PPP 值之间的可比性,以此进行 VFM 定量评价。

(5) 情景分析法

本研究选择情景分析法作为 PPP 项目风险定量分析的方法,针对影响风险的各类事件和变量进行基本、不利、最坏等情景假设,估算全生命周期内每年各项主要风险承担成本,汇总得到当年全部风险承担成本,符合当前我国 PPP 项目发展现状而且与财政部给出的风险定价模型的基本原理较为吻合。

(6) 案例分析法

本研究通过大量搜集资料,选择数据较为充分的阜康市西部城区污水处理厂及配套管网工程 PPP 项目作为具体案例,通过 VFM 定性评价与定量评价,判断该项目在当前的条件下是否适合采用 PPP 模式进行建设和运营,验证本研究提出的"双阶段"评价体系、定性与定量评价方法的可行性。

### 1.5.3 技术路线

本研究拟采用的技术路线见图 1-7 所示。

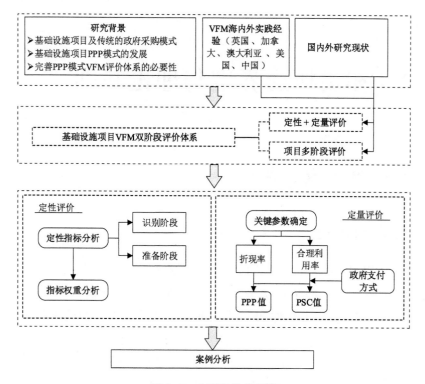

图 1-7 本研究技术路线

# 2 相关概念界定与理论基础

## 2.1 相关概念界定

### 2.1.1 PPP 模式

PPP(Public-Private Partnership)模式最早起源于英国,1992 年英国为了缓解资金压力首次提出私人主动融资模式(Private Finance Initiative,简称 PFI),即民间部门以多种形式把民间资金、管理技术和管理理念全面引入传统的政府公共项目,重点是公共基础设施领域的项目(如污水处理、交通、医疗卫生等领域),以期在相当程度上克服传统模式中高投入与低效率、资源高消耗与服务低质量等一系列的弊端。1997 年 5 月英国政府废弃了关于 PFI 的"通用评估规则",引入 PPP 的概念,PFI 模式较多地被置于 PPP 模式之内[58]。PPP 模式创新性地集融资、建设与运营管理于一体,并使得参与各方达到"双赢"或"多赢"的目标。PPP/PFI 模式建立的基础是公共部门与民间部门之间不同方式的合作,在政府财政能力及建设能力有限的条件下,民间参与方的加入极大地减轻政府部门的压力。

然而,英国在实施 PFI 的过程中存在着众多问题,如 PFI 项目采购过程复杂,使得项目推进缓慢且交易成本增加,降低了项目的 VFM;PFI 合同在运营期间缺乏灵活性,很难做出调整以反映公共部门的服务需求;PFI 项目对政府未来负债以及投资者的回报透明度不足；政府过于依赖私人部门的风险承担能力，将不适宜私人部门承担的风险转移给私人部门，导致公共部门承担更高的风险溢价等[59]。为了解决这些问题，英国针对加入政府股权融资、促进交付、提高服务灵活性、提高透明度、适当的风险分担等方面进行改革，于2012年发布了 *A New Approach to Public Private Partnerships*，提出了 PF2(Private Finance 2)模式。

在英国政府应用之后，世界各地对 PPP 模式也都有了广泛的应用。然而，这些国家和地区对 PPP 模式的理解并不完全相同。各组织机构对 PPP 模式的定义见表 2-1 所示。

表 2-1　不同组织机构对 PPP 模式的定义

| 组织或机构 | 定义 |
| --- | --- |
| 英国财政部（HM Treasury） | PPP 主要是针对公共基础设施工程的建设，由政府与私营投资方签订协议，政府授权给私营投资方建设、运营和管理项目，并向公众提供公共服务 |
| 加拿大 PPP 国家委员会（CCPPP） | PPP 是指公共部门和私营部门之间的一种合作经营关系，它建立在双方各自经验的基础上，通过适当的资源分配、风险分担和利益共享机制，最好地满足事先清晰界定的公共需求 |
| 美国 PPP 国家委员会 | PPP 是公共机构(联邦、州或地方)与私营部门之间的合同协议。通过该协议，实现各部门的能力、资产、潜在风险与收益的共享，从而为公众提供服务或设施 |
| 中国香港 PPP 效率促进小组 | PPP 是公共部门和私营部门之间的协议，双方把互补的能力带进项目里，有不同的责任和参与程度，目的在于改善公共服务与设施 |
| 欧盟委员会 | PPP 是指公共部门和私营部门之间的一种合作关系，其目的是为提供传统上由公共部门提供的公共项目或服务 |
| 世界银行 | PPP 是私营部门和政府部门间就提供公共资产或服务签订的长期合同，而私营部门需承担重大风险和管理责任 |
| 亚洲开发银行 | PPP 是为开展基础设施建设和提供其他服务，公共部门和私营部门实体之间可能建立的一系列合作伙伴关系 |

(续表)

| 组织或机构 | 定义 |
| --- | --- |
| 中国财政部 | 政府和社会资本合作模式是政府方与社会资本方在基础设施及公共服务领域建立的一种长期合作关系 |
| 中国国家发展和改革委员会 | PPP模式是指政府为增强公共产品和服务供给能力、提高供给效率,通过特许经营、购买服务、股权合作等方式,与社会资本建立的利益共享、风险分担及长期合作关系 |

从表2-1可见,我国对于PPP模式的定义与其他国家或机构有差异,主要体现在对Private的界定上,国外机构将Private设定为私人部门,而我国将其设定为社会资本方。这是由我国的国情与体制所决定的,在PPP项目的实际操作中,国有企业不属于私营部门,但其既可作为政府方也可作为社会资本方参与PPP项目,故在中国PPP模式特有的环境下,将Private设定为社会资本方是合理的。此外,虽然各国或各地区或不同机构对PPP模式的定义不同,但是其内涵和特征大体相同,都包含合作伙伴关系、利益共享与风险分担三项核心思想:

(1) 合同约束下的合作伙伴关系

合作伙伴关系是PPP模式要解决的首要问题,也是PPP项目成功运行的基础,它建立在政府和社会资本方都希望以最少的资源提供更多的产品或服务这一统一目标上。只有在PPP合同约束下的合作伙伴关系真实存在和延续的前提下,PPP项目才能顺利进行下去;政府方才能有效提供公共产品或服务,创造社会福利;社会资本方才能在完成项目的过程中获得自身利益。

(2) 利益共享

PPP项目一般都带有公益性,不以项目的利润最大化为目的,故PPP模式的共享利益是指使社会资本方获得相对平和、长期稳定的投资回报。在实际操作中,政府方不仅要和社会资本方分享利润,还要对社会资本方可能获得的高额利润进行调节,防止社会资本方获得暴利,造成公众不满,以维护社会效益最大化。

(3) 风险共担

基础设施 PPP 项目具有合作期限长、投资规模大和参与方众多等特点,在合作期限内面临着巨大的风险。风险分担是形成健康、可持续的伙伴关系的关键。在 PPP 项目中,风险分担一般遵循公平、风险与收益对等、由对风险最有控制力的一方承担相应的风险(即有效控制)、动态调整和风险承担有上限等原则。

## 2.1.2 物有所值

物有所值(Value for Money,简称 VFM)即物品用处与其价值相符。将"物有所值"理念引入公共服务中源于英国的新公共管理运动。新公共管理运动强调"重塑政府"及"再造政府",推进公共服务市场化改革,从而将物有所值这一理念作为评价市场主体及其提高公共服务质量的标准[60]。

物有所值以 3E——经济(Economy, spending less)、效率(Efficiency, spending well)、效果(Effectiveness, spending wisely)之间的平衡为核心[61]。英国国家审计署(National Audit Office, NAO)也使用这三个标准来评估政府开支的物有所值,即资源的最佳使用以达到预期的结果,给出的物有所值的定义[62]如图 2-1 所示。"经济"强调在保证质量的前提下,降低某一活动的资源成本;"效率"强调为了保证质量,增加给定投入的产出,或最小化给定产出的投入;"效果"突出能成功地完成某项活动的预期成果。此外,第四个 E,即公平(Equity, spending fairly)也在一些地方使用,以衡量服务提供给所有人的程度,突出服务涉及不同群体的重要性。

实践证明,在基础设施领域中,并不是所有的项目都适合采用 PPP 模式。因此,为了提高政府部门的决策的准确性,便于正确决策项目的采购模式,不少国家和地区根据自身情况以物有所值为中心推出了 VFM 评价指南,给出了 VFM 评价工具,为 PPP 模式的选择

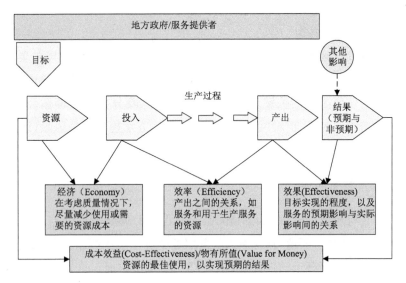

图 2-1 物有所值定义

提供了方向和指引。在 PPP 领域中,现有文献对物有所值的定义使用较为广泛的是由英国财政部提出的"Value for money is defined as the optimum combination of whole-of-life costs and quality (or fitness for purpose) of the good or service to meet the user's requirement",即为了满足使用者需求,实现全生命周期内公共产品或服务的成本与质量(或适用性)的最佳组合。然而,目前 PPP 项目的物有所值并没有统一的定义,各个国家和地区对 VFM 定义有着不同的理解,见表 2-2 所示。

综上,虽然当前对于 VFM 尚无统一定义,但各定义对 VFM 的内涵基本一致,主要关注于成本、效果或者质量,实现经济、效率和效果间的平衡。物有所值是 PPP 项目的宗旨,PPP 模式的目标是实现物有所值。PPP 项目的物有所值是一个相对的概念,通过对项目采用 PPP 模式和传统采购模式的成本、投入产出等方面进行比较,并综合考虑风险等因素。我国 PPP 模式与 VFM 评价体系主要是以英国为参考而建立的,财政部给出的VFM的定义只陈述了VFM评价的用途,并没有指出VFM的内涵。因此,本书采用的VFM定义为英国财政部给出的定义,即VFM是为了满足使用者需求,实现全生命周期内公共产品或服务的成本与质量的最佳组合。

表 2-2 不同国家和地区对物有所值的定义

| 组织或机构 | 物有所值定义 | 文件 |
| --- | --- | --- |
| 英国财政部<br>(HM Treasury) | 为了满足使用者需求,实现全生命周期内公共产品或服务的成本与质量(或适用性)的最佳组合 | Value for Money Assessment Guidance[63] |
| 加拿大PPP中心<br>(PPP Canada) | 采用传统采购模式的项目全部费用与采用PPP模式的全部费用现值的比较 | New Building Canada Fund: Procurement Options Analysis Guide[64] |
| 澳大利亚基础设施中心<br>(Infrastructure Australia) | 物有所值是私营机构提供服务的结果与风险转移程度对政府财政的综合影响 | National Public Private Partnership Policy Framework[19] |
| 美国联邦公路管理局<br>(Federal Highway Administration, FHWA) | 为了满足用户需要的产品或服务的全寿命周期成本和质量(或目标的适用性)的最佳组合 | Value for Money Assessment for Public-Private Partnership: A Primer[65] |
| 世界银行PPP基础设施咨询基金<br>(Public Private Infrastructure Advisory Faculty) | 提供用户所需的服务时实现收益和成本的最佳组合 | Public Private Partnership Reference Guide)[66] |
| 中国财政部 | 判断是否采用PPP模式代替政府传统投资运营方式提供公共服务项目的一种评价方法 | 《PPP物有所值评价指引(试行)》[13] |

## 2.2 相关理论基础

### 2.2.1 公共产品理论

Samuelson[67]在 1954 年出版的 *The Pure Theory of Public Expenditure* 中,首次根据是否具有效用的不可分割性、是否具有消费的非竞争性与是否具有收益的非排他性,将社会产品分为公共产品和私人产品两大类;指出公共产品只能由公共部门提供,而私人产品只能由私人提供;并提出公共产品具有完全的效用不可分割性、消费非竞争性和收益非排他性,私人产品具有完全的效用可分割性、收益排斥性和消费竞争性。但之后,Buchanan[68]认为上述的分类遗漏了介于公共产品与私人产品之间的俱乐部产品。这一部分产品兼具部分公共产品与部分私人产品性质,也被称为准公共产品[69]。

公共产品理论的发展历程体现了公共产品供给方式变化。刘佳丽等[70]对西方公共产品理论发展历程进行分析,提出公共产品理论改革逻辑包括"市场失灵−政府失灵−重塑政府与市场关系",最终公共产品理论表现出在公共产品领域规避市场失灵又防止政府失灵的供给模式。起初,为解决市场失灵问题,公共产品由政府作为单一主体提供,处于垄断供给模式[71]。之后,政府供给公共产品也暴露出一些效率低下等问题,公共产品的供给也逐渐从传统的政府单一管理、垄断经营向多元化、效率化的多元主体合作模式转变[72],即考虑私营部门和公众的作用。其中,PPP 模式是公共产品供给的重要方式之一。

由此可见,公共产品理论不断发展,与公共产品的供给方式密切相关。为了提升公共产品的供给效率,公共产品的供给由单一的政府供给发展为多元主体合作的供给模式,包括 PPP 模式。VFM 评价成为衡量基础设施(公共产品)采购的重要方法,因此本研究在公共产品理论的指导下,以基础设施项目为研究对象,对其采购方式(传统采购方式与PPP模式)决策展开分析,以促进基础设施项目高效、高质量供给,实现物有所值。

## 2.2.2 交易成本理论

交易成本理论在解释企业自行生产和从市场购买的替代关系过程中应运而生,在经历分析企业和市场之间不同的治理模式的正确性的验证后,现在已拓展到为政府以何种方式提供公共服务提供决策依据。

Coase[73]开创了交易成本理论,在 The Nature of the Firm 中首次提到交易成本,并基于价格是信息的一种形式,指出交易成本是获取准确的市场信息所需要的费用,并包括交易的谈判和订立合同等费用。之后,交易成本理论不断发展。学者们对交易成本的构成进行了丰富。Dahlamn[74]根据交易活动内容,将交易成本分为搜寻信息的成本、协商与决策成本、契约成本、监督成本、执行成本和转换成本。Dugger[75]则将交易成本分为事前交易成本与事后交易成本。具体来说,事前交易成本是指事先规定交易各方的权利、责任与义务,如签约、谈判和保障合同履行等成本;事后交易成本是指解决合同存在的问题时,发生的改变条款到中止合同所发生的成本,如不适应、讨价还价和约束成本等。尽管相关研究对于交易成本组成存在差异,但观点基本一致,即交易成本是发生在交易整个过程,包括了信息获取、谈判合同、合同签订、监督及违约等成本。

从本质上说,Coase提出了交易成本的存在性,Rindfleisch确定了行为者与交易的属性,以帮助解释为什么和何时会出现交易成本[76]。在交易成本产生的原因方面,Williamson[77]概述了关于经济行为体的两个重要假设(即有限理性和机会主义)以及经济交易的三个关键属性(即资产专用性、频率和不确定性),认为涉及大量特定资产、频繁发生和面临高度未来不确定性的交易会产生更高的成本,因为经济行为者的理性受到限制,从而可能会采取机会主义者行为。其中,有限理性是指因身心、情绪等限制,交易参与方在追求效益最大化时所产生的限制约束;机会主义是交易参与方为追求自我利益而采取的欺诈手段,并增加彼此的不信任与怀疑,从而在交易过程中导致监督成本的增加以及经济效益的降低。

在PPP项目中,参与主体涉及政府和社会资本方。其中,政府因能力有限(包括信息搜集、处理和对未来预期等能力)而具有先天的有限理性,社会资本方因自身逐利性存在机会主义行为,加上交易双方不确定的行为,会加剧交易信息的不对称性,从而增加交易成本[78]。因此,基础设施项目采用PPP模式相比传统模式增加了交易成本。但相对于传统的政府采购模式,PPP模式具有生产成本低的优势。若采用PPP模式所降低的生产成本不足以抵消所增加的交易成本,则该项目采用PPP模式是无效率或低效率的,即不能实现物有所值。由此可见,在对基础设施项目采取何种采购方式做出决策时,应当结合交易成本理论,优化配置资源,实现项目的物有所值。

### 2.2.3 项目融资理论

项目融资的概念源自实践,是在项目实践过程中,对实际融资实践案例进行分析总结得出的,故不同的机构或研究人员由于参与的项目不同,对项目融资的定义并不完全相同,见表2-3所示[79]。

表2-3 项目融资的定义

| 机构/学者 | 著作 | 定义 |
| --- | --- | --- |
| Clifford Chance法律公司 | 《项目融资》 | "项目融资"用于代表广泛的、但具有下属共同特征的融资方式:融资主要不是依赖项目发起人的资信或其有形资产,而是在相当大的程度上依赖于项目本身的效益 |

(续表)

| 机构/学者 | 著作 | 定义 |
|---|---|---|
| FASG | 《美国财会标准手册》 | 项目融资是对需要大规模资金的项目采取的金融活动,借款人原则上将项目本身拥有的资金及其收益作为还款资金来源,将项目资产作为抵押,而该项目实体的信用能力通常不作为重要因素来考虑 |
| 中国国家计划委员会,国家外汇管理局 | 《境外进行项目融资管理暂行办法》 | 项目融资是以境内建设项目的名义在境外筹措外汇资金,并仅以项目自身预期收入和资产对外承担债务偿还责任的融资方式 |
| P.K. Nevitt 和 F. Fabozzi | 《项目融资》 | 贷款方在向一个经济实体提供贷款时,考察该经济实体的现金流和收益,将其视为偿还债务的资金来源,并将该经济实体的资产作为贷款的抵押,若对这两点感到满意,则贷款方同意放贷 |

从以上定义中可以发现,项目融资具备 3 个基本特征:

(1) 项目导向

项目融资主要依赖于项目的现金流和资产,并非依赖于项目的投资者的资信或有形资产,这是将项目融资区别于公司融资的重要特征之一。

(2) 有限追索

追索是指债权人在债务人未按期偿还债务的情况下,可以要求债务人以抵押资产以外的其他资产偿还债务的权利。所谓项目融资的有限追索是指在债务人无法偿还贷款时,债权人只能就项目的现金流量和资产对债务人进行追索,对项目的主办方或投资者而言,追索权以投入到项目的资产为限,而不能追索到主办方或投资者的其他资产。

(3) 风险分担

一个成功的项目融资不会将所有的融资风险都推给某一方单独

承担,需要对所有投资者所能承受的风险进行测评,设计合理的风险分担方案和对投资者具有最低追索的融资结构。

PPP模式与项目融资有很大交叉,故PPP项目融资也可以从项目的资金结构、项目的投资结构、项目的资信结构来分析PPP项目的融资结构。其中项目的资金结构是指项目资金的组成,包括股权资金、次级债务资金和高级债务资金的来源及三者之间的比例关系;项目的投资结构是项目的投资者对项目资产和权益的法律拥有形式,也是项目投资者之间的法律合作关系,主要包括公司型结构、合伙制结构、契约型结构等形式;项目的资信结构是债权受偿保障机制,即在融资结构中,法律、合同或其他机制为债权人提供的权力和保护。

### 2.2.4 可持续发展理论

可持续发展理念起源于联合国1987年的Brundtland报告,认为可持续发展是指既满足当代人的需要,又不损害后代人的需求的发展模式[80]。这一概念起初关注于环境和发展方面,环境、发展被称为可持续的双轴模型。之后,发展问题又被分为社会和经济两种因素,从而环境、社会和经济被称为可持续的三大支柱[81]。近年来,可持续的内涵不断发展。联合国有关机构用3E(社会、经济、环境)和3P(人类、效益、地球)理论较为全面地阐述了可持续发展的内涵[82],详见图2-2所示。3P为3E的发展底线,具体来说,环境要素以地球(Planet)为本,强调减少对环境的损害;社会要素以人(People)为本,指仍要满足人类自身的需要;经济要素强调以效益(Profit)为本,突出可融资性和投资能力等[83]。

为了促进全球的可持续发展,United Nations[84]于2015年在公布的 *Transforming Our World: The 2030 Agenda for Sustainable Development* 中确定了17项可持续发展目标,与基础设施建设密切相关,涉及水、能源、教育和社区发展等基础设施和城市建设领域,对基础设施的建设与发展提出了更高的要求。一方面,基础设施项目应当满足可持续发展的内涵要求,即为可持续的基础设施;另一方面,基础设施应促进可持续发展,如支持经济发展、集约高效地利用资源和促进社会公平等。由此可见,基础设施对可持续发展具有重要影响。但基础设施项目的建设与运维需要大量的资金和人力等资源投入,仅通过政府投资难以维持其可持续发展。然而,PPP模式可广泛吸引社会资金、提高运维效率,已成为解决基础设施建设和公共服务提供等问题的重要方式。

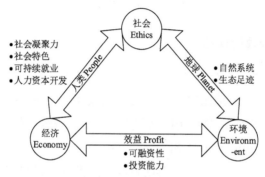

图 2-2　可持续发展的 3E 及 3P 理念图[85]

为促进 PPP 模式的健康发展,学者们将可持续发展理念与 PPP 模式和 VFM 评价相结合,分别提出了可持续发展导向的 PPP 模式和可持续发展导向的 VFM 评价。熊伟等[86]根据发展目标将 PPP 模式的演化过程分为三个阶段:填补公共财政预算缺口的 PPP 1.0,提高公共产品供给效率的 PPP 2.0,以及实现经济、社会和环境可持续发展的 PPP 3.0。PPP 3.0 为可持续发展导向的 PPP 模式,强调通过引入有经验与能力的社会资本方,实现资源整合与优势互补,从而实现在项目全生命周期内有效降低成本、提升服务价值、实现增量效益、解决稀缺基础设施与公共服务的供给问题。可持续发展导向的 PPP 模式的推广需要科学的决策工具,即可持续发展导向的 VFM 评价。相对于从单纯的技术经济/成本效益评估的 VFM,可持续发展导向的 VFM 转向以经济、社会和环境等为核心的综合效益评估[14]，以衡量 PPP 模式的物有所值。

综上所述，可持续发展的经济、环境和社会可持续与物有所值关注的经济、效率、效果和公平要素相契合，强调对有限资源的合理利用，减少对环境的影响以及突出服务对不同群体的公平性。基础设施项目对可持续发展具有促进作用且需要满足可持续发展内涵要求，PPP 模式拓宽了基础设施项目的发展路径。因此，本研究将可持续发展理念应用到基础设施项目 VFM 评价中，丰富物有所值评价方法，以促进基础设施 PPP 项目的健康发展。

### 2.2.5 工程经济理论

工程经济是为合理分配稀缺资源，而在技术上可行的备选方案中进行经济选择的指南[87]。工程经济学是经济学的分支之一，主要产生和发展于国外，是以美国为代表的技术经济分析的理论和方法。1887 年，Wellington[88] 出版了 *The Economic Theory of the Location of Railways* 一书，首次将成本分析方法运用到铁路的最佳长度与路线的曲率选择问题中，开创了工程领域的经济评价工作。而后，Goldman[89] 出版了 *Financial Engineering*，第一次提出确定相对价值的复利方法，将其作为比较值进行投资方案评价的思想。1930 年，Grant[90] 出版了 *Principles of Engineering Economy*，对以复利计算为基础的固定资产投资的经济评价原理做了阐述，奠定了工程经济学的基础。因其在工程经济学领域做出的卓越贡献，他被誉为"工程经济学之父"。之后，工程经济学不断发展，工程经济理论和方法在工程项目中得到了广泛的运用。在基础设施领域，工程经济关注与项目相关的公共或私人投资的经济问题，包括成本-效益分析、备选方案评选、确定公共产品（公共服务、供水、供电和供热等）价格、区域发展规划以及作为确定政府支出（包括拨款、奖励和补贴）的基础等[91]。

资金的时间价值是工程经济理论的基础,表示的是资金随着时间的推移,其价值会增加,即资金增值[92]。从生产角度分析,资金的时间价值反映在流通过程中,社会生产资金参与再生产过程得到的增值或利润;从消费角度分析,资金的时间价值体现的是为放弃现期消费的损失所做的必要补偿。对于基础设施项目,项目涉及的工程经济要素一般包括:建设投资、运营收益、运营成本、税金和利润等。对于这些经济要素,为符合社会生产要求,都应当考虑资金的时间价值。

从工程经济的定义可知,工程经济的核心应用是对备选方案的经济选择。方案评选是决策者通过考察方案的预期目标、资源条件等,对各备选方案的现金流量进行分析,以选择合适的技术方案。利润最大化或成本最小化是工程的经济目标。方案评选既需考察项目的可行性,又要评估项目的效用。根据各方案间的经济关系,方案类型可分为:互斥型方案、独立型方案和混合型方案。互斥型方案中,各方案相互排斥,采纳其中一个方案,则排除了采纳其他方案的可能;独立型方案中,各方案互不排斥,选择某一方案并不排斥接受其他方案;混合型方案中,有些方案为独立关系,有些方案为互斥关系。方案评选指标包括:经济效果指标(净现值或年值)、差额净现值或者差额内部收益率。方案的评选应当满足方案的可比性,如数据资料搜集与整理方法的统一、预期目标的一致性,以及相同的评价周期等。

对于基础设施项目,项目的交付涉及对稀缺资源的分配,由政府主导资源配置。政府对于这些项目采购方式的决策(即传统采购模式与PPP模式),应当开展科学的方案评选,即VFM评价。一般来说,基础设施项目存在资源约束限制,而且传统采购模式与PPP模式为互斥关系,则VFM评价为互斥型方案评选。因此,本研究通过预测项目在生命周期内的现金流量,建立资金时间价值模型,比较分析各备选采购方案,得出VFM评价结论。

# 3 基础设施项目 VFM 双阶段评价体系构建

通过上文对英国、加拿大、澳大利亚和美国四个国家 VFM 评价方法的分析发现,四个国家都是采用定性与定量相结合的方式进行 VFM 评价。就我国目前 PPP 项目的发展来看,VFM 评价的主要目的是为政府采购项目提供科学的决策。根据国际经验,从定性和定量两个方面进行分析,能够增强对项目的社会效益、环境效益、经济效益和对项目的全生命周期成本的理解,通过定性与定量相结合的方式能够提供更加准确、科学的决策依据。由此可见,VFM 评价采用定性与定量相结合的评价方式是非常有必要的。因此,本章逐一分析物有所值定性评价与定量评价方法,并根据本国国情确定适当评价方法,构建"识别-准备"双阶段评价体系。

## 3.1 VFM 定性评价方法分析

物有所值(VFM)是 PPP 模式的核心理念,VFM 评价是判断项目能否实现物有所值的重要依据,也是决定是否采用 PPP 模式的关键。借鉴国际先进经验,我国财政部于 2015 年发布的《PPP 物有所值评价指引(试行)》中指出:VFM 评价包括定性和定量评价两方面内容,由于 PPP 模式及 VFM 评价尚未步入正轨,现阶段以定性评价为主,定量评价为辅,鼓励开展定量评价。由此可见 VFM 定性评价在 PPP 项目的前期决策过程中发挥着决定性的作用。然而在实际操作过程中,VFM 定性评价却存在一系列的问题,如 VFM 定性评价内容较为专业,PPP实施机构一般会把VFM评价交由专业的咨询机构来完成,咨询机构为了满足业主的要求只注重评价结果,使得VFM定性评价流于形式;又如针对评价指标的评价标准比较模糊,评分上下幅度较大,受专家的主观想法影响大。针对上述问题,本文对现有定性评价方法展开分析,并根据当前我国实际情况,确定适当评价方法与定性评价步骤。

### 3.1.1　VFM定性评价方法选择

定性评价是运用分析和综合、比较与分类、归纳和演绎等逻辑分析的方法,以所获得的数据、资料对评价对象做出定性结论的价值判断。定性评价方法有很多,常见的有专家打分法、专家会议法、德尔菲法等。

专家打分法是一种定性描述定量化方法,是指通过匿名方式征询有关专家的意见,专家意见以打分形式表述,再对其进行统计、处理、分析和归纳。这种方法操作简单,但对专家的专业性和依赖程度都较高。

专家会议法有三种组成形式:一是非交锋式会议,也称头脑风暴法(Brain Storming,简称BS),会议不带任何限制条件,鼓励与会专家独立、自由地发表意见,没有批评或评论,以激发灵感,产生创造性思维;二是交锋式会议,这种方式下与会专家围绕一个主题,各自发表意见并展开充分讨论,最后达成共识,取得比较一致的预测结论;三是混合式会议法,是对头脑风暴法的改进,其基本操作是将会议分为两个阶段,先进行头脑风暴法会议,产生创新性思路和预测方案,再开展交锋式会议,对上一阶段提出的各种设想进行质疑和讨论,也可提出新的设想,最后取得一致的预测结论。专家会议法优点是通过发挥专家集体智慧效应,产生"思维共振",短时间内得到富有成效的创造性成果;其缺点是易受心理因素的干扰导致结果出现偏差。

德尔菲法也称专家信函法,是对专家打分法进行改进,通过信函方式分别征得专家的意见之后,进行整理、归纳、统计,再匿名反馈给各专家,再次征求意见、汇总和统计,再反馈给各专家,直至得到一致的意见。运用德尔菲法使得结果趋近于统一来做出决策,该方法能够不受干扰地充分发挥专家的能力,保持专家意见的独立性,但是过程复杂,对负责汇总的人/组织要求较高。总体而言,这种方式花费的精力和时间较多。

几种方法的比较,详见表3-1所示。

表3-1 定性评价方法比较

| 方法 | 概述 | 优点 | 缺点 |
| --- | --- | --- | --- |
| 专家打分法 | 根据评价项目制定出评价标准,邀请若干代表性专家凭借自己的经验按此评价标准给出各项目的评分分值,然后进行集结 | 程序简便,计算方法简单且直观性强 | 依赖专家的经验和主观判断,可能会造成误差 |
| 专家会议法 | 根据规定的原则选定一定数量的专家,按照一定的方式组织专家会议,发挥专家集体的智能结构效应,对预测对象做出判断 | 有助于专家们交换意见,通过互相启发产生"思维共振",在短时间内得到富有成效的创造性成果 | 心理因素影响较大,易屈服于权威或大多数人的意见 |
| 德尔菲法 | 将所需解决的问题单独发送给各专家,征询意见,回收汇总全部专家的意见,并整理出综合意见,随后将该综合意见和预测问题再分别反馈给专家,再次征询,然后再汇总,如此多次反复,逐步取得比较一致的预测结果 | 充分利用专家的经验学识,且采用匿名的方式能使每位专家独立做出自己的判断 | 过程复杂,花费的时间和精力较多 |

依据我国财政部的政策指引,目前VFM定性评价的指标相对固定,实施中可开拓延展的内容较小,故以激发创造性思维为核心的BS式的专家会议法不太适用;而VFM定性评价的指标较多,若采用德尔菲法,需要对每个指标分别进行分析,过程复杂,耗时持久不易推广。根据我国目前推进VFM评价的现状,应采用简单易行、定性

描述定量化方法的专家会议讨论＋专家打分法来进行VFM定性评价较为适合，原因有三：一是操作流程简单，易于推广；二是结果直观且可量化；三是专家先进行讨论、对疑问有了一定释疑后再独立打分，这种方式在我国已被广泛采用，具有一定的基础和经验，适用性较强。

### 3.1.2　VFM定性评价步骤

上述分析将专家打分法作为VFM定性评价方法，本文结合当前定性评价实践，确定了以下VFM定性评价步骤。

（1）确定评价指标：这是最为重要的步骤，因为用什么指标来评价对评价结果影响很大。在4.1节中将详细论述评价指标的选择与确定。在指标确定后，运用李克特量表法，将每项指标评分分为五个等级，即有利、较有利、一般、较不利、不利，并给出参考评分的评分标准。

（2）确定每项指标的权重：权重表示评价项目的各指标在整个评价体系中相对重要程度，可通过主观赋权法、客观赋权法或组合赋权法来确定。

（3）选定专家：为了保证定性评价的科学性、客观公正性及准确性，专家的组成应包括财政、资产评估、会计、金融等经济方面专家，以及行业、工程技术、项目管理和法律方面专家等。

（4）召开专家组会议：组织选定的专家开会进行充分讨论，并按评价指标逐项打分。

（5）做出评审结果：按照指标权重计算加权平均分，综合全部专家意见后形成专家组意见。

（6）给出结论：项目本级财政部门（或PPP中心）会同行业主管部门根据专家组意见，做出定性评价结论。

财政部财金〔2015〕167号文中给出的评分结果是：原则上，评分结果在60分（含）以上的，通过定性评价；否则，未通过定性评价。这个结果比较宽泛,尤其对于评审结果在 60～70 分之间的项目,很多都存在需大修正或改善的问题,因此建议增加一档:评分结果为 60～69 分之间(包含 60 分)为有条件通过,项目发起方应在专家组意见指导下对项目方案做出相对应的修改和完善,在规定时间内由原专家小组成员进行信函评审,再给出最终"通过"或"不通过"评价结论。

## 3.2 VFM 定量评价工具分析

通过对文献和各国的 VFM 评价实践分析,得出国际通用的 VFM 评价方法有三种,即成本效益分析法(Cost Benefit Analysis,简称 CBA)、公共部门比较值法(Public Sector Comparator,简称 PSC)和案例清单法(Outline Business Case,简称 OBC)。

### 3.2.1 成本效益分析法

成本效益分析法(CBA)最早是由法国的经济学家朱乐斯提出的,随后各国经济学家对其进行了理论上的拓展和重新界定,直至 1926 年美国出台《联邦航海法案》,要求海军工程师在证明项目的收益超过成本的情况下才能进行排水系统的改善工作,自此成本效益分析法正式融入实践。之后,成本效益分析法被广泛运用于政府活动中,通过成本与效益的对比分析以辅助政府投资项目的立项决策。成本与效益之间的关系,如图 3-1 所示。当项目效益大于成本则表明项目可行,反之则不可行。

基本流程就是先提出一个投资目标,然后形成若干实现目标的方案,随后运用相关技术手段计算出每种方案的成本和收益,最后通过对成本和收益的分析,选择最优

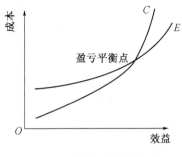

图 3-1 成本与效益的关系

的实施方案。CBA 实施过程(如图 3-2 所示),包括五个步骤:问题确定、设计分析、资料收集、资料分析(包括定性分析与定量分析)与成果总结。

成本效益分析法的评价指标可以为成本现值、收益现值、净现值、收益成本比等,将净现值作为评价指标是较为通行的做法[93]。就 PPP 项目而言,VFM 值可以通过计算传统政府采购模式下的收益与成本的现值和 PPP 模式下收益与成本的现值,然后按照既定的决策标准进行决策。

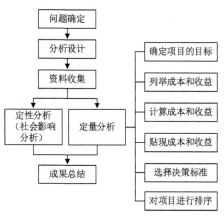

图 3-2　CBA 评价步骤

成本效益分析法作为 VFM 评价工具优劣势都很突出。将 CBA 方法在项目决策中已有广泛应用,评价方法和体系比较完善;而且,该方法能够对无形收益和无形成本进行量化分析,能够全面量化具有社会效益的公共项目的价值;然而,因为 CBA 方法需要对每个方案的成本和收益进行一一计算,需要大量的数据支撑,计算工作量大;此外,无形成本和无形收益在定价时需要做出相应的假设,数据来源的准确性难以保证。

### 3.2.2　PSC 法

公共部门比较值(PSC)是在 PPP 项目决策过程中设立由公共部门采用传统采购方法进行项目建设时的成本现值,其中存在的假设条件为模拟项目与 PPP 项目的运营期相同、产出标准相同、折现率相同。

PSC 法是目前采用最广泛的 VFM 评价方法,各国也提出了不同的评价方法和流程,如图 3-3 所示。从各国的评价步骤中可以看出 PSC 的制定、影子报价 PPP 值与风险的量化是 VFM 定量评价的三大核心步骤,其中风险量化也是 VFM 评价相较于传统财务评价最特殊的部分。

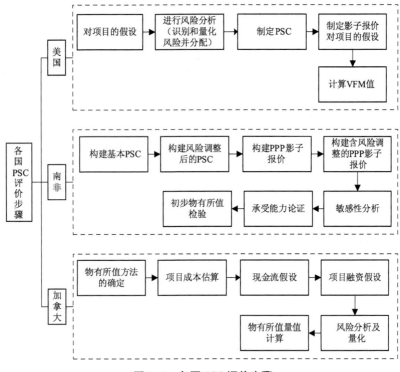

图 3-3　各国 PSC 评价步骤

将 PSC 值与 PPP 模式下产生的成本现值 PPP 值进行比较,两者之差即为 VFM 值。PSC 法可细分为投标前 PSC 法和投标后 PSC 法,前者 VFM 值为 PSC 值与 PPP 模式的影子价格 PPPs 的差值,后者 VFM 值为 PSC 值与投标报价 PPPa 的差值,当 VFM 值大于零时,表明项目通过 PPP 模式能够实现物有所值,即可采用 PPP 模式。

各国学者和项目参与者对 PSC 法褒贬不一。PSC 法的优点主

要表现在以下几个方面:

① PSC 是一个参照基准,是公共部门采用传统采购模式下的真实价格,不受投标报价的影响;

② 采用 PSC 法分析过程中对于项目范围、产出规格、绩效标准进行了充分界定和详细描述,有利于政府部门进行有效监管。

然而,PSC 法也具有一定缺点,主要集中在:

① 设立基准的过程中选用了相似的项目或运用了模拟项目,存在大量假设,包括折现率和风险转移等因素;

② PSC 法只考虑到了财务因素,未考虑到社会效益、环境效益等非财务因素。

### 3.2.3 案例清单法

案例清单法(OBC)是近年来才出现的一种评价方法。早年英国采用 PSC 进行 VFM 评价,英国财政部也出台了一系列文件指导 PSC 的操作,如 *Value for Money Assessment Guidance*(2004)、*How to Contract the PSC*(1999)等,虽然 PSC 法在使用的过程中遭到了众多非议,如折现率选取的合理性难以保证、存在过多假设等,但是不可否认 PSC 法给政府做出科学决策提供了依据,缓解了财政支出的压力。随着 PPP 案例的积累,英国为了提高评价的准确性和系统性,不再满足使用单一的 PSC 作为 VFM 评价的工具,逐渐开始采用案例清单法作为 VFM 评价的主要方法,PSC 法成为案例清单法定量计算的一个工具。

英国财政部 2015 年颁布的最新的 *Green Book Guidance Public Sector Business Case* 2015 *Update* 对案例清单法的使用做了详细说明,商业案例清单法是从四个阶段分别对项目的五个维度进行分析,其中四个阶段是战略大纲计划(Strategic Outline Programme,简称 SOP)、战略大纲案例(Strategic Outline Case,简称 SOC)、商业大纲案例(Outline Business Case,简称 OBC)和完整商业案例(Full

Business Case,简称 FBC);五个维度是战略、经济、商业、融资和管理。第一阶段 SOP 处于项目起始阶段,主要是对背景进行分析,通过制订战略纲要计划来确定提供背景的战略性政策或计划,五维案例模型尚未开发;第二阶段 SOC 旨在确定方案的范围并准备战略大纲案例,五维案例模型已经设立完成,但是由于该阶段信息不够充分,案例模型的开发不够充分;第三阶段 OBC 旨在规划方案和准备大纲商业案例,随着信息的逐渐完善,对案例的开发日渐完善;第四阶段 FBC 已经进入采购阶段,五维案例模型开发完善,获得完整商业案例,如图 3-4 所示。

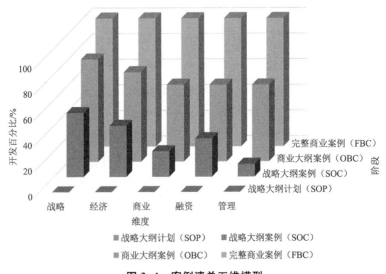

图 3-4　案例清单五维模型

PPP 模式是在四阶段通过对五维案例模型进行分析后选定的结果,这四个阶段也对应英国财政部颁布的 *Value for Money Assessment Guidance*(2006)中规定的 VFM 评价的四个阶段,即准备阶段、计划层面评估、项目层面评估和采购层级评估。商业案例清单法流程,如图 3-5 所示。

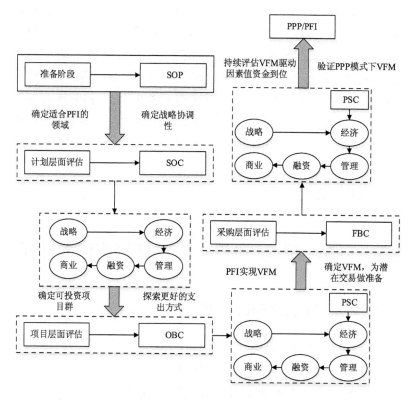

图 3-5　商业案例清单法流程

案例清单法的优点是方法系统、科学、可靠,通过四阶段对五维案例模型进行评价较为全面地论证了项目的可行性及 PPP 模式的适用性;其缺点是需要大量的案例作为支撑及需要积累充分的 VFM 评价经验。

从三种 VFM 评价方法的应用范围来看,PSC 法的采用率最高,英国、日本、澳大利亚、加拿大和中国香港等 PPP 模式应用相对成熟的国家和地区都在采用 PSC 法;其次是案例清单法;最少被采用的是成本效益分析法,规定公共投资必须进行成本效益分析的德国采用此方法。我国 PPP 模式正处于初级发展阶段,VFM 评价也是近年来才走进大众的视野,由于没有前期的积累,现在的数据很匮乏,数据库不完善,故需要大量数据支撑的成本效益分析法不适宜我国国情。我国刚推行 PPP 模式,政府的管理、监督等各项经验都不足,案例清单法亦不是一个优选。综上所述,国际通用的 PSC 法具有较强的普适性和可行性,加之我国财政部出台的《PPP 物有所值评价指引(试行)》和《政府和社会资本合作物有所值评价指引(修订版征求意见稿)》也明确指出 PPP 项目的决策过程中采用 PSC 法,进一步验证了 PSC 法在我国的适用性,故本文采用 PSC 法作为 VFM 定量评价的工具。

## 3.3 VFM 双阶段评价体系与流程构建和分析

### 3.3.1 VFM 双阶段评价体系构建

随着 PPP 模式在我国的发展,为了规范 PPP 项目的操作,我国财政部于 2014 年 11 月出台的《政府和社会资本合作模式操作指南(试行)》中将 PPP 模式的运行分为项目识别、项目准备、项目采购、项目执行和项目移交五个阶段。理论上 VFM 评价应该贯穿项目的全生命周期,即项目的每个阶段都应进行 VFM 评价,如项目识别阶段在项目的起始点判断项目采用 PPP 模式能否实现物有所值;准备阶段通过对识别阶段评价结果的修正、更为准确地对 PPP 项目能否实现物有所值进行判断;采购阶段判断采购的社会资本能否充分发挥自身能力、提高 PPP 模式的效率以实现物有所值;项目运营阶段实施 VFM 评价以验证项目是否按照设计的方向发展、是否实现物有所值等;而且,全生命周期的 VFM 评价也是持续的发展方向。

然而,在我国 VFM 评价刚起步的现阶段,全生命周期的 VFM 评价是一个巨大的挑战。由于经验和数据的缺乏,强行进行全生命周期的 VFM 评价不仅不能提供准确的判断,还会适得其反。此外,根据海外 VFM 评价实践经验,大多数国家和地区主要在采购阶段及采购阶段前开展 VFM 评价。各国(地区)物有所值评价阶段,见表 3-2 所示。

表 3-2 各国(地区)VFM 评价阶段分析

| 国家/地区 | 英国 | 加拿大 | 南非 | 中国香港 |
| --- | --- | --- | --- | --- |
| 评价阶段 | 项目计划评价阶段<br>项目评价阶段<br>采购阶段 | 适宜性分析阶段<br>采购阶段 | 立项阶段<br>可研阶段<br>招标阶段 | 投资评价<br>项目评价<br>采购评价 |
| 国家/地区 | 新加坡 | 澳大利亚 | 美国 | 中国 |
| 评价阶段 | 资格预审阶段<br>定量评价阶段<br>合同确认阶段<br>投资执行阶段 | 服务识别<br>初步评估<br>PPP 案例开发<br>项目意向书<br>投标阶段<br>项目合同管理 | 服务识别<br>初步评估<br>PPP 案例开发<br>项目意向书<br>投标阶段<br>项目合同管理 | 识别或准备阶段 |

项目识别与项目准备阶段处于项目前期,为项目决策的关键时期;同时,如果在进入采购(招投标)阶段再次进行 VFM 评价并作为选择采购模式的条件,与我国招标流程与招投标法都有冲突。故本文依据财政部财金〔2015〕167 号文评价精神、参考海外经验,并忠于 VFM 评价出现的本心,即为政府或其他决策者提供决策,选择识别阶段与准备阶段为 VFM 评价的两个时点,将 VFM 评价设计为两个阶段。物有所值双阶段评价框架,如图 3-6 所示。

第一阶段是项目识别阶段,该阶段处在项目初期,获取的信息资料尚不完善,以定性分析为主、定量分析为辅,旨在分析项目的必要性。若通过,则进入第二阶段的评价;若未通过则对实施方案进行调整,如项目模式、投融资结构、风险分担、利益共享等,经调整后通过 VFM 定性评价与定量评价可进入下一阶段,若仍未通过则放弃 PPP 模式,采用传统模式。

第二阶段是准备阶段,当通过第一阶段评价后来到该阶段,该阶

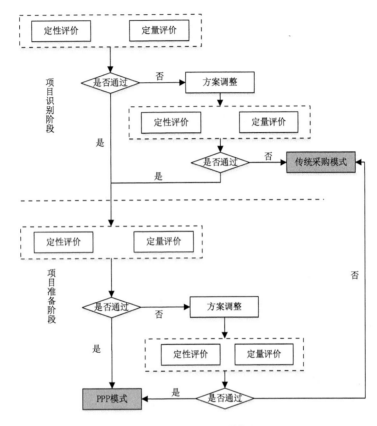

**图 3-6 物有所值评价框架**

段已获得较为全面的信息与资料,采用定性与定量分析相结合的方式,旨在确定项目的实施模式,即采用 PPP 模式还是传统模式,若采用 PPP 模式,还需确定具体模式,如 BOT、TOT、ROT 等。若通过该阶段的评价则采用 PPP 模式;若未通过,可对实施方案进行调整,经调整后通过则采用 PPP 模式,反之则采用传统采购模式。

项目识别阶段与准备阶段第一次未通过 VFM 评价时,各有一次方案调整的机会,原因是项目处于初期阶段,项目时间跨度大,存在很多不确定性,实施方案需要通过 VFM 评价的检验不断进行调整和完善。这种做法的目的是使得"识别－准备"两阶段 VFM 评价体系有一定的容错率、评价的准确性更高。

### 3.3.2 "识别－准备"双阶段 VFM 评价流程

本文的两阶段设定为识别阶段与准备阶段，识别阶段在项目策划、初步方案设计、可行性研究的基础上编制初步 PPP 实施方案，接着以上述资料为基础编制 VFM 评价报告和财政承受能力论证报告进行 PPP 项目的论证，通过后即可申请 PPP 模式的批复，该阶段进行了第一阶段 VFM 评价；紧接着在 PPP 项目准备阶段，根据与社会资本的进一步接触与设计深度对 PPP 初步实施方案进行调整，形成 PPP 实施方案，并在 PPP 实施方案通过政府批复后，再次对识别阶段的 VFM 评价报告和财政论证报告进行验证，该阶段为第二阶段 VFM 评价，通过该阶段的评价即可进入 PPP 项目的采购阶段。依据财政部财金〔2015〕167 号文《PPP 物有所值评价指引（试行）》，VFM 的评价结果应统筹定性评价和定量评价结论做出，也就是定性评价与定量评价均应达到通过水平，物有所值（VFM）评价结论才可为"通过"。物有所值"识别－准备"双阶段评价流程，见图 3-7 所示。

项目识别阶段的评价依据是可行性研究报告，可行性研究报告属于估算，是以项目规划方案为依据，对工程项目可能发生的工程费用、工程建设其他费用、预备费和建设期利息进行计算，用于计算项目投资规模和融资方案的一种计算方法。

项目准备阶段 VFM 评价的计算依据是项目初步设计，初步设计属于概算，是以初步设计或施工图设计图纸、概算指标、概算定额以及现行的计费标准为依据，按照项目设计概算规程，逐级计算项目投资的一种计算方式。

从以上分析中可知，VFM 评价的依据从可行性研究报告逐渐深化为初步设计成果，其设计深度从估算逐步深入到概算，VFM 定量评价随着计算依据的设计深度的加深，PSC 值的组成及计算方法不变，只是内容会随着信息的更新而变得翔实，具体计算方法后文会详细介绍。

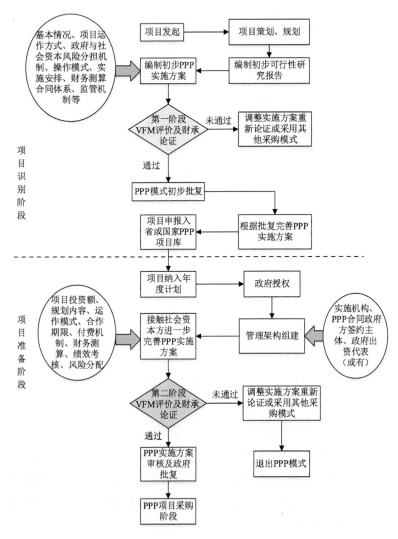

图 3-7 "识别—准备"双阶段 VFM 评价流程

# 4 拟采用 PPP 模式的项目 VFM 定性评价分析

以上研究明确了物有所值定性评价的流程与方法,构建了"识别—准备"双阶段 VFM 评价体系。本章基于财政部《PPP 物有所值评价指引(试行)》(财金〔2015〕167 号),分别确定了识别阶段与准备阶段的 VFM 定性评价指标(基本指标 + 附加指标),然后以污水处理项目为例,分析了各阶段 VFM 定性指标评价标准;并对常用 VFM 定性指标权重测定的方法与流程进行分析,以期为拟采用 PPP 模式的项目物有所值定性评价实践提供参考。

## 4.1 识别阶段 VFM 定性指标分析

### 4.1.1 VFM 定性评价指标选择

自 2014 年我国开始大力推进 PPP 模式以来,PPP 模式在我国呈井喷之态。政府为了缓解财政资金压力、提高项目运营效益、分散项目风险,对于公共基础设施鼓励采用 PPP 模式。VFM 的定性评价对确定是否采用 PPP 模式至关重要,在政府未出台详细、明确的指标评价标准前提下,咨询机构为了满足业主的要求,将 VFM 定性评价的标准设置得也较为模糊,存在部分人为可操纵性隐患,无形中降低了 VFM 评价的标准,使得 VFM 评价流于形式,导致 VFM 评价对决策的参考作用降低,致使 PPP 模式在实际操作过程中出现各种问题,后期风险频现。

参考英国财政部效率小组提出的"3E"标准体系，VFM评价包括对环境影响、社会效益、满足最终用户需求、资源优化配置、适当风险分配、项目创新、资产使用及运营灵活性的综合考虑，可归结为3E原则。VFM评价要对项目的经济（Economy）、效率（Efficiency）与效果（Effectiveness）进行预测，保证其在运行过程中实现三者的高度契合。随着新公共管理运动的推行，3E原则已经成为VFM评价的核心内容，被应用在各国的评价体系中，我国的VFM评价体系也不例外。本文VFM定性评价是以财政部指引为基础，在其基础上进行细化与深入的结果，故本文VFM定性指标依照财政部指引提出的基本指标与附加指标相结合的形式。

识别阶段VFM定性评价的目的是判断项目采用PPP模式的适宜性，主要是对项目中难以被量化的部分进行评价分析，更侧重于对环境影响、社会效益、适当风险分配与资源优化配置的分析。根据财政部指引，识别阶段VFM定性指标选用6项基本指标，即全生命周期整合程度、风险识别与分配、绩效导向与鼓励创新、潜在竞争程度、政府机构能力和可融资性。在我国当前法律体系下，公共基础设施项目在项目建议书与项目可行性研究报告得到批复之后才能立项，其中预期项目能够实现的社会效益与环境效益是项目建议书与可行性研究的重要考量项目，对于PPP项目，在宏观层面上，其提高百姓生活质量、促进环境综合治理、改善当地投资环境的作用都应纳入考虑范围，同时还应在微观层面对项目的自身情况进行分析与评价，故在拟采用PPP模式的项目VFM定性评价中，选用了社会效益、环境效益、项目规模、预期使用寿命与全生命周期成本测算准确性5项作为附加指标。

### 4.1.2 VFM定性指标评价标准分析（以污水处理项目为例）

为了使VFM定性评价不流于形式，能够充分发挥其为决策者提供判断依据的作用，清晰指标的评价标准，使VFM定性评价标准有据可依、有理可断是非常重要的。故本文定性评价的核心是找出已识别的定性评价指标的准入条件，即及格条件。准入条件，顾名思义，若是专家通过对已有资料的分析，发现被评价项目达不到指标评价标准的要求，则评分不能超过 60 分的标准。

通过文献阅读与访谈，结合 VFM 评价业务实践，梳理出了识别阶段 VFM 定性评价的部分准入条件，见表 4-1 所示。

表 4-1 识别阶段 VFM 定性评价的准入条件

| 指标 | | 准入条件 | 说明 |
| --- | --- | --- | --- |
| 基本指标 | 全生命周期整合程度 | 预期项目 PPP 合同中包含运营期 | 实施方案选用的具体模式包含运营阶段 |
| | | 项目的供给期间与项目的技术生命周期匹配 | 项目的技术生命周期大于项目服务周期 |
| | | 项目各阶段参与主体及责任边界明确 | 实施方案对政府方和社会资本方的责任义务划分清晰合理 |
| | | 有合理的退出机制 | 实施方案对社会资本方退出项目有明确、可行规定，包括对项目失败后的处理措施等 |
| | 风险识别与分配 | 已对项目进行风险识别 | 实施方案中列出全面的风险识别表 |
| | | 具备对风险进行科学合理量化的能力 | 政府实施机构或委托机构有过 PPP 项目经验 |
| | | 绝大多数风险或主要风险将在政府和社会资本方之间明确分配 | 经定性与定量分析，表明已识别的风险能够在政府和社会资本之间明确合理分配 |
| | 绩效导向与鼓励创新 | 产出规格要求内容全面、可测量 | 实施方案对产出规格有详细界定和说明 |
| | | 绩效指标与项目设计目的相匹配 | 关键绩效指标的设置清晰、可测量，符合行业内规范及标准，且不得低于设计标准 |
| | | 绩效考核与付费机制挂钩 | 可用性付费与绩效挂钩程度不低于 30%，运维绩效付费与绩效 100% 挂钩，且满足实施机构提出的要求 |

(续表)

| | 指标 | 准入条件 | 说明 |
|---|---|---|---|
| 基本指标 | 潜在竞争程度 | 项目引起社会资本之间的竞争潜力大 | 有超过3家有实力且信誉好的社会资本或联合体参与项目推介会 |
| | | 有后续提高竞争程度的潜力 | 通过给予政策优惠等方式 |
| | 政府机构能力 | 政府具备全面、清晰的PPP理念 | 有参与PPP项目的经历 |
| | | 已组建PPP工作小组、设立项目的实施机构 | |
| | | 预期政府能守住财政支出责任红线 | PPP项目支出责任占一般公共预算支出比例不超过10% |
| | | 能建立公平开放的市场规则、推动及时信息公开 | |
| | 可融资性 | 项目对金融机构有很大吸引力 | 有多家实力雄厚的金融机构参与项目推介会,并表现出有提供资金的意愿 |
| | | 预期能取得与项目生命周期匹配的贷款 | 贷款时间与项目生命周期匹配,且融资成本合理可控 |
| | | 预期能采用多种融资方式 | 如商业银行贷款、信托、基金等方式 |
| 附加指标 | 社会效益 | 实施方案中有对社会效益的分析 | |
| | | 经分析表明,项目具有良好的社会效益 | |
| | 环境效益 | 实施方案中有对环境效益的分析 | |
| | | 经分析表明,项目具有良好的环境效益 | |
| | 全生命周期成本测算准确性 | 测算原始数据齐全且真实有效 | |
| | | 成本被准确预估的程度和可能性高 | 采用正确、透明的成本测算方法 |
| | | 政府方、社会资本方及被委托咨询机构对全生命周期成本各组成部分的理解准确程度高 | 各方都有过PPP项目的经验 |
| | 项目规模 | | 一般是指项目可行性研究报告中预估的投资总规模 |
| | 预期使用寿命 | | 项目正常运营的寿命周期 |

为了确认以上准入条件的合理性与准确性,确定项目规模与预期使用寿命的准入条件,本文以采用 BOT 模式的污水处理项目为例以问卷调查的方式来进行。首先,设置调查问卷,见附录 A;然后定向发放给各领域的专家;最后回收问卷进行统计分析。

本次共回收了 14 份专家问卷,专家的工作领域覆盖财经、技术、法务和项目管理四类,就职单位多在事业单位、国有企业、私有企业(包括咨询单位),有 10 年以上工作经验的人员居多,经分析调查结果一致性较高,以全生命周期整合程度一项为例,各专家的选择趋于一致,如图 4-1 所示,调查结果可靠性较强。

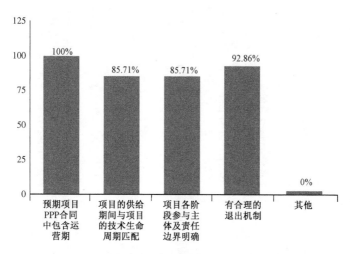

图 4-1　识别阶段全生命周期整合程度专家调查结果

在分析问卷结果的基础上,对上文已识别的准入条件进行调整,根据专家的选择与访谈分析结果,去掉附加指标中项目规模与全生命周期成本测算准确性两项,保留其他指标。通过收紧和放宽要求,形成拟采用 PPP 模式的污水处理项目识别阶段的 VFM 定性评价标准,如表 4-2 所示。其中,各指标均设置了不及格标准,不能达标的打分均应在 59 分及以下。

表4-2 拟采用PPP模式的污水处理项目识别阶段定性评价标准

| 指标 | | 准入条件 | 评价标准 |
|---|---|---|---|
| 基本指标 | 全生命周期整合程度 | 预期PPP合同中包含运营期 | ● 100-81：项目资料表明，污水处理项目设计、融资、建造、全部运营和维护将整合在一个合同中，对于存量项目，全部运营和维护将整合在一个合同中；污水处理项目的供给期大于服务对政府供给期；实施方案对政府和社会资本的责任义务划分清晰合理且有科学的退出机制。<br>● 80-60：项目资料表明，污水处理项目设计、融资、建造、维护将整合在一个合同中；污水处理项目的技术生命周期大于服务提供期；实施方案对政府和社会资本方的责任和义务有较为清晰的界定和划分，且有较为合理的退出机制。<br>● 59-41：未满足以下任意一项：①预期项目PPP合同中包含运营期；②项目的供给期同与项目的技术生命周期匹配；③项目各阶段参与主体及责任边界明晰；④有合理的退出机制。<br>● 40-21：未满足以下任意两项：①预期项目PPP合同中包含运营期；②项目的供给期同与项目的技术生命周期匹配；③项目各阶段参与主体及责任边界明晰；④有合理的退出机制。<br>● 20-0：不满足以下三项及以上：①预期项目PPP合同中包含运营期；②项目的供给期同与项目的技术生命周期匹配；③项目各阶段参与主体及责任边界明晰；④有合理的退出机制。 |
| | | 项目的供给期间与项目的技术生命周期匹配 | |
| | | 项目各阶段参与主体及责任边界明晰 | |
| | | 有合理的退出机制 | |
| | 风险识别与分配 | 已对项目进行风险识别 | ● 100-81：项目资料表明，已进行全阶段的风险识别工作；项目实施机构或委托的咨询机构有丰富的PPP项目经验；预期能够准确量化风险，并使得绝大部分风险将在政府和社会资本方之间合理地分配。<br>● 80-60：项目资料表明，已进行主要阶段的风险识别工作；实施方案中已列出绝大部分主要风险；项目实施机构或委托的咨询机构有过PPP项目经验，预期能够较为准确量化风险，并使得大部分主要风险将在政府和社会资本方之间合理地分配。<br>● 59-41：项目资料表明，已进行初步的风险识别工作；实施方案中列出了初步风险识别的结果，但风险识别过程缺乏或过于主观、简单；项目实施机构或委托的咨询机构没有PPP项目经验，项目定性和定量分析不够充分，不能证明已识别的风险可以在政府和社会资本方之间明确合理分配。<br>● 40-21：项目资料表明，已进行初步的风险识别工作；实施方案中列出了初步风险识别的结果，但风险识别表不够全面系统；项目实施机构或委托的咨询机构没有PPP项目经验，项目定性和定量分析预计已识别的风险难以在政府和社会资本方之间明确合理分配。<br>● 20-0：项目资料表明，未进行风险识别工作，或没有清晰识别风险。 |
| | | 具备对风险进行科学合理量化的能力 | |
| | | 绝大多数风险或全部主要风险将在政府和社会资本方之间明确分配 | |

(续表)

| 指标 | 准入条件 | 评价标准 |
|---|---|---|
| 基本指标 | 产出规格要求内容全面，可测量 | ● 100-81：产出规格要求的内容全面，可测量；付费机制与绩效挂钩程度不低于30%，且满足实施机构的要求。<br>● 80-60：产出规格要求的内容较为全面且可测量；绩效指标中关键绩效指标与项目设计目标相比超过80%相符且清晰明确；付费机制与绩效挂钩程度不低于30%，且满足实施机构的要求。<br>● 59-41：产出规格要求的内容虽较为全面但60%及以上不可测量；绩效指标中关键绩效指标与项目设计目标相比有60%~80%相符且清晰明确的内容占60%~60%的内容不清晰明确或不相符；付费机制与绩效联系不太紧密，预期实际执行与绩效挂钩程度低于30%，且预期实际挂钩程度不符合项目具体情况，设置不合理。<br>● 40-21：产出规格要求中的内容不全面且不可测量；绩效指标中关键绩效指标与项目设计目标相比有60%~80%相符且清晰明确的内容或不相符；付费机制与绩效联系不太紧密，或未设置绩效指标，或绩效指标设置不符合项目具体情况，设置不合理，不明确；或付费机制与绩效不挂钩。<br>● 20-0：产出说明基本没有明确的内容或不相符；付费机制与绩效挂钩程度低于实施单位提出的要求。|
| | 绩效指标与项目设计目标的相匹配 | |
| | 绩效考核与付费机制挂钩 | |
| 潜在竞争程度 | 项目引起社会资本之间的竞争潜力大 | ● 100-81：项目将引起社会资本之间竞争的潜力大，且已有明显的证据迹象，例如有5家以上行业领先的国内外企业参与项目推介会，仍有进一步提高竞争程度的可能。<br>● 80-60：项目将引起社会资本之间竞争的潜力较大，有3~4家国内外企业参与项目推介会，预期后续通过采取措施可进一步提高竞争程度。<br>● 59-41：项目将引起社会资本之间竞争的潜力不够大，仅有2家企业参与推介会，预期后续需通过采取措施可能提高竞争程度。<br>● 40-21：项目将引起社会资本之间竞争的潜力较小，仅有1家企业参与推介会，预期后续采取措施有可能提高竞争程度。<br>● 20-0：项目将引起社会资本之间竞争的潜力小，没有企业参与项目推介会，预期后续可能竞争不大可能提高竞争程度。|

(续表)

| 指标 | 准入条件 | 评价标准 |
|---|---|---|
| 基本指标 | 政府机构能力 | 政府具备全面、清晰的PPP理念 | ● 100~81:政府有丰富的参与PPP项目的经历,具备全面、清晰的PPP理念;预期政府能够控制财政支出,将PPP项目支出责任控制在一般公共预算支出的10%以内;有较强的建立公平开放的市场规则和推动信息及时公开的能力。<br>● 80~60:政府有过参与PPP项目的经历,具备较为全面、清晰的PPP理念;已为该项目组建PPP工作小组,设立了项目的实施机构;预期政府能够控制财政支出,将PPP项目支出责任控制在一般公共预算支出的10%以内;有较强的建立公平开放的市场规则和推动信息及时公开的能力。 |
| | 已组建PPP工作小组,设立项目的实施机构 | ● 59~41:符合以下三点任意一点:①政府没有参与PPP项目的经历,PPP理念一般;②尚未为该项目组建PPP工作小组,已设立项目的实施机构;③预期政府不能有效控制财政支出,未能将PPP项目支出责任控制在一般公共预算支出的10%以内。<br>● 40~21:符合以下三点任意两点:①政府没有参与PPP项目的经历,PPP理念一般;②尚未为该项目组建PPP工作小组,未设立项目的实施机构;③预期政府不能有效控制财政支出,未能将PPP项目支出责任控制在一般公共预算支出的10%以内。 |
| | 预期政府能守住财政支出责任红线 | ● 20~0:政府没有参与PPP项目的经历,PPP理念一般;尚未为该项目组建PPP工作小组,未设立项目的实施机构;预期政府不能有效控制财政支出,未能将PPP项目支出责任控制在一般公共预算支出的10%以内;或没有建立公平开放的市场规则和推动信息及时公开的能力。 |
| | 可融资性 | 项目对金融机构有很大吸引力 | ● 100~81:项目对金融机构有很大的吸引力,有多家实力雄厚的金融机构有提供资金的意愿,预计项目能够取得与项目生命周期匹配且利率合理的融资;项目有效进行多种方式融资的潜力很大,且预计后续通过进一步采取措施确定能够实现。<br>● 80~60:项目对金融机构有较大的吸引力,有多家金融机构有提供资金的意愿,预计项目能够取得与项目生命周期匹配较为合理的融资;项目有效进行多种方式融资的潜力较大,预计后续通过进一步采取措施可落实性。 |
| | 预期能取得与项目生命周期匹配的贷款 | ● 59~41:项目对金融机构的吸引力不够,有1~2家机构参与推介会,但融资成本超过预期;预计项目能够取得与项目生命周期较为匹配,利率较高的融资;项目有效进行多种方式融资的潜力一般,预计通过进一步采取措施可增强落实性。 |

(续表)

| 指标 | | 准入条件 | 评价标准 |
|---|---|---|---|
| 基本指标 | 可融资性 | 预期能取得与项目生命周期匹配的贷款 | ● 40–21：项目对金融机构的吸引力较差，仅有1家金融机构有提供资金的意愿，但融资成本严重超出预期；预计项目能够取得与项目生命周期较为匹配的融资，利率不合理的潜力通过进一步采取措施有可能增强落实性。<br>● 20–0：项目对金融机构的吸引力很差，没有金融机构有提供资金的意愿，预计项目不能取得与项目生命周期匹配且利率合理的融资；项目进行多种融资方式的潜力小。 |
| 附加指标 | 社会效益 | 实施方案中有对社会效益分析的分析 | ● 100–81：实施方案中对社会效益分析明确，且结果表明项目具备良好的社会效益。<br>● 80–60：实施方案中进行了较为明确的社会效益分析，结果表明项目社会效益一般。<br>● 59–41：实施方案中对社会效益的分析不明确，结果表明项目社会效益较差。<br>● 40–21：实施方案中对社会效益的分析不明确，且结果表明项目社会效益差。<br>● 20–0：实施方案中未对社会效益进行明确分析。 |
| | | 经分析表明，项目具有良好的社会效益 | |
| | 环境效益 | 实施方案中有对环境效益分析的分析 | ● 100–81：实施方案中对环境效益分析明确，且结果表明项目具备良好的环境效益。<br>● 80–60：实施方案中进行了较为明确的环境效益分析，结果表明项目环境效益一般。<br>● 59–41：实施方案中对环境效益的分析不明确，结果表明项目环境效益较差。<br>● 40–21：实施方案中对环境效益的分析不明确，且结果表明项目环境效益很差。<br>● 20–0：实施方案中未对环境效益进行明确分析。 |
| | | 经分析表明，项目具有良好的环境效益 | |
| | 预期使用寿命 | 不低于10年 | ● 100–81：资产的预期使用寿命大于20年。<br>● 80–60：资产的预期使用寿命为10～20年。<br>● 59–0：资产的预期使用寿命低于10年。 |

## 4.2 准备阶段 VFM 定性指标分析

### 4.2.1 VFM 定性评价指标选择

依据财政部财金〔2015〕167 号文的指引，项目识别阶段必须开展物有所值（VFM）评价和财政承受能力评估，但这一阶段仅是对项目进行筛选、可行性研究，项目提交的是初步实施方案，其中项目的投资情况、产出说明等都是粗估数据。准备阶段是在项目已通过了初步评估可以向前推进的前提下提交确定的实施方案，这时与项目有关的各方面数据应进一步测算。该阶段开展项目 VFM 定性评价是在充分接触社会资本方、调整优化实施方案的基础上进行的，其目的是判断采购的社会资本能否发挥其优势，如提供创新先进且稳定的工艺、降低项目成本、提高项目的效率等，使得 PPP 项目能真正实现物有所值。

上文提到 VFM 评价包括对环境影响、社会效益、满足最终用户需求、资源优化配置、适当风险分配、项目创新、资产使用及运营灵活性的综合考虑。准备阶段的定性评价重点是数据更新、准确定位。与识别阶段不同，准备阶段更注重对风险分配、资产使用及运营灵活性、资源优化配置的分析，故准备阶段在延续识别阶段基本指标的选择标准的基础上，将社会效益与环境效益作为加分项，即准备阶段的评价指标由基本指标、附加指标与加分指标三大块组成。其中，基本指标在风险识别与分配、潜在竞争程度和可融资性上有进一步的可落实信息，评分会更为确定；附加指标更侧重于对项目本身的评价，故选择项目规模、预期使用寿命与全生命周期成本测算准确性三项作为附加指标。其中，各指标均设置了不及格标准，不能达标的打分均应在 59 分及以下。

### 4.2.2 VFM定性指标评价标准分析(以污水处理项目为例)

通过文献阅读与访谈,结合 VFM 评价业务实践,梳理出了准备阶段 VFM 定性评价的部分准入条件,如表 4-3 所示。

**表 4-3 准备阶段 VFM 定性评价的准入条件**

| 指标 | | 准入条件 | 说明 |
|---|---|---|---|
| 基本指标 | 全生命周期整合程度 | 预期项目 PPP 合同中包含运营期 | 实施方案、招投标文件选用的具体模式包含运营阶段 |
| | | 项目的供给期间与项目的技术生命周期匹配 | 项目的技术生命周期大于项目服务周期 |
| | | 项目各阶段参与主体及责任边界明确 | 实施方案、招投标文件对政府方和社会资本方的责任义务划分清晰合理 |
| | | 有合理的退出机制 | 实施方案、招投标文件对社会资本方退出项目有明确、可行规定,包括对项目失败后的处理措施等 |
| | 风险识别与分配 | 已对项目进行风险识别 | 实施方案、投标文件中列出系统全面的风险识别表 |
| | | 具备对风险进行科学合理量化的能力 | 政府实施机构、投标人、委托咨询机构有过 PPP 项目经验 |
| | | 绝大多数风险或全部主要风险将在政府和社会资本方之间明确分配 | 经充分定性与定量分析,表明已识别的风险能够在政府和社会资本之间明确合理分配 |
| | 绩效导向与鼓励创新 | 政企双方具有较强的风险管理能力 | 政府方设定了合理调价机制;社会资本方提交的投标文件有合理的设计来转移部分风险,或购买保险 |
| | | 产出规格要求内容清晰、可测量 | 实施方案对产出规格有详细界定和说明 |
| | | 绩效指标与项目设计目的相匹配 | 关键绩效指标符合行业规范,设置清晰、可测量,且不得低于设计标准 |
| | | 绩效考核与付费机制挂钩 | 可用性付费与绩效挂钩程度不低于 30%,运维绩效付费与绩效 100% 挂钩,且满足实施机构提出的要求 |

(续表)

| | 指标 | 准入条件 | 说明 |
|---|---|---|---|
| 基本指标 | 潜在竞争程度 | 项目引起社会资本之间的竞争潜力大 | 至少有3家社会资本或联合体参与投标 |
| | | 社会资本方要求利润空间合理 | |
| | | 社会资本方不存在恶性竞争 | 社会资本方测算内部收益率接近于行业平均水平 |
| | 政府机构能力 | 政府具备全面、清晰的PPP理念 | 有参与PPP项目的经历 |
| | | 采用合理采购方式 | 仅限公开招标、邀请招标、竞争性谈判、竞争性磋商、单一来源采购之一 |
| | | 预期政府能守住财政支出责任红线 | PPP项目支出责任占一般公共预算支出比例不超过10% |
| | | 已组建PPP工作小组、设立项目的实施机构 | |
| | | 能建立公平开放的市场规则、推动及时信息公开 | |
| | 可融资性 | 项目对金融机构有很大吸引力 | 投标文件中的财务报表显示现金稳定、充足、可测 |
| | | 有效进行多种融资的潜力大 | 投标文件中获取融资渠道的方案合理可行 |
| | | 提出可行的增强落实项目的措施 | 如合理使用收费权质押、应收账款质押、特许经营收益权质押等融资担保业务 |
| 附加指标 | 全生命周期成本测算准确性 | 测算原始数据齐全且真实有效 | |
| | | 成本被准确预估的程度和可能性高 | 采用正确、透明的成本测算方法 |
| | | 政府方、社会资本方及被委托咨询机构对全生命周期成本各组成部分的理解准确程度高 | 各方都有过参与PPP项目的经验 |
| | 项目规模 | | 一般是指项目可行性研究报告中预估的投资总规模 |
| | 预期使用寿命 | | 项目正常运营的寿命周期 |

为了确认以上准入条件的合理性与准确性、确定项目规模与预期使用寿命的准入条件,本文继续以采用 BOT 模式的污水处理项目为例以问卷调查的方式来进行。首先,设置调查问卷,为了简化问卷程序,准备阶段 VFM 定性评价的问卷与第一阶段合并在一起,见附录 A;然后定向发放给各领域的专家;最后回收问卷进行统计分析。

本次共回收了 14 份专家问卷,专家的工作领域覆盖财经、技术、法务和项目管理四类,就职单位多在事业单位、国有企业、私有企业(包括咨询单位),有 10 年以上工作经验的人员居多,经分析调查结果一致性较高,以准备阶段全生命周期整合程度一项为例,各专家的选择趋于一致,如图 4-2 所示,调查结果可靠性较强。

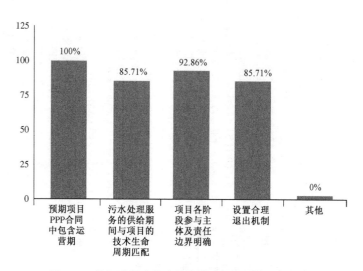

图 4-2 准备阶段全生命周期整合程度专家调查结果

在分析问卷调查结果的基础上,对上文已识别的准入条件进行调整,根据专家的选择与访谈分析结果,去掉附加指标中项目规模一项,保留其他指标,通过收紧和放宽要求,形成准备阶段污水处理PPP项目的定性评价标准,如表 4-4 所示。

表 4-4 准备阶段污水处理 PPP 项目的定性评价标准

| 指标 | | 准入条件 | 评价标准 |
|---|---|---|---|
| 基本指标 | 全生命周期整合程度 | 预期项目 PPP 合同中包含全运营期 | 100-81：项目资料表明，污水处理将整合到一个合同中，对于存量项目，全部运营和维护整合在一个合同中；污水处理项目的技术生命周期、实施方案对政府和社会资本的责任义务划分清晰合理且有科学的退出机制。 |
| | | 项目的供给期与项目的技术生命周期匹配 | 80-60：项目资料表明，污水处理将整合到一个合同中；融资、建造、核心运营和维护整合到一个合同中；融资、建造、核心服务的运营、维护整合到一个合同中；污水处理项目大于服务周期提供供给期，且有较为合理的退出机制。 |
| | | 项目各阶段参与主体及责任边界明确 | 59-41：未满足以下任意一项：①预期项目 PPP 合同中包含全运营期；②项目的供给期同与项目的技术生命周期匹配；③项目各阶段参与主体及责任边界明确。 |
| | | | 40-21：未满足以下任意两项：①预期项目 PPP 合同中包含全运营期；②有合理的退出机制。 |
| | | 有合理的退出机制 | 20-0：未满足三项及以上：①预期项目 PPP 合同中包含全运营期；②项目的供给期同与项目的技术生命周期匹配；③项目各阶段参与主体及责任边界明确；④有合理的退出机制。 |
| | 风险识别与分配 | 已对项目进行风险识别 | 100-81：项目资料表明，政府方和社会资本方已进行了深入的风险识别工作，实施方案投标文件中对风险的识别系统全面，并获得绝大部分风险；社会资本方或委托的咨询机构有丰富的 PPP 项目经验，预期能够准确量化风险，并使得绝大部分风险将在政府和社会资本方之间明确合理地分配，能够采取合理的风险预防措施。 |
| | | 具备对风险进行科学合理量化的能力 | 80-60：项目资料表明，政府方和社会资本方已进行较为深入的风险识别工作，实施方案中已列出绝大部分风险；社会资本方或委托的咨询机构有过 PPP 项目经验，预期能够较为准确量化风险，并使得大部分主要风险将在政府和社会资本方之间有合理分配；预期政府和社会资本方都具有较强的风险管理能力，能够采取较为合理的风险预防措施。 |
| | | 绝大多数风险或全部主要风险将在政府和社会资本方之间明确分配 | 59-41：项目资料表明，政府方和社会资本方已进行了完整科学但不够全面的风险识别工作，但是实施方案中未有合理科学的风险识别过程，列出的识别结果不够充分不能证明已识别的风险可以在政府和社会资本方之间明确分配；项目定性和定量分析不够充分不能证明政府和社会资本方的风险管理能力一般，能够采取的风险预防措施一般；预期政府和社会资本方之间明确的咨询机构没有 PPP 项目经验。 |

（续表）

| 指标 | | 准入条件 | 评价标准 |
|---|---|---|---|
| 基本指标 | 风险识别与分配 | 政企双方具有较强的风险管理能力 | • 40-21：项目资料表明，政府方和社会资本系统，项目实施机构、社会资本方全面系统，项目实施机构难以在政府和社会资本方之间明确合理分配；预期政府方和社会资本方风险管理能力较差，能够采取的风险预防措施较差。<br>• 20-0：项目资料表明，未进行风险识别工作，或没有清晰识别风险；预计政府方和社会资本方风险识别与管理能力很弱。 |
| | 绩效导向与激励创新 | 产出规格要求内容清晰，可测量 | • 100-81：产出规格要求中超出80%的内容清晰、可测量，绩效指标中关键绩效指标与项目设计目标相比超过80%相符且清晰明确，付费机制与绩效挂钩程度不低于30%，且满足实施机构的要求，若资料显示能够提供工艺或管理模式有很大的创新潜力，可在原有基础上酌情加3~5分。 |
| | | 绩效指标与项目设计目的相匹配 | • 80-60：产出规格要求中60%~80%内容清晰、可测量，绩效指标中关键绩效指标与项目设计目标相比60%~80%相符且清晰明确，付费机制与绩效挂钩程度不低于30%，绩效指标与实际实施机构的要求，若资料显示能够提供工艺或管理模式有较大的创新潜力，可在原有基础上酌情加3~5分。 |
| | | 绩效考核与付费机制挂钩 | • 59-41：产出规格要求中有40%~60%的内容不清晰或不符合；绩效指标中关键绩效指标与项目设计目标相比有40%~60%不符合，或内容不符合；绩效考核与绩效关系不太紧密，预期实际与绩效挂钩程度不低于实施的要求。 |
| | | 加分项：有资料显示能够提供工艺或管理模式上的创新 | • 40-21：产出规格要求中有60%~80%的内容不清晰或不相符；付费机制与绩效挂钩程度不低于30%，且预期实际检测指标与规格要求，或未设置绩效指标，或绩效指标设置不符合项目具体情况，设置不合理，不明确，或付费机制与绩效不挂钩。<br>• 20-0：产出说明基本没有明确的产出规格要求，或付费机制与绩效不挂钩。 |
| | 潜在竞争程度 | 引起众多社会资本参与竞争 | • 100-81：项目将引起社会资本（或联合体）之间竞争的潜力很大，收到5份及以上实力雄厚的社会资本（或联合体）提交的有效投标文件；投标文件中社会资本方要求的利润空间合理，社会资本方测算内部收益率接近行业平均水平，不存在恶性竞争。 |

(续表)

| 指标 | | 准入条件 | 评价标准 |
|---|---|---|---|
| | 潜在竞争程度 | 社会资本方竞争空间合理 | ● 80-60:项目将引起社会资本(或联合体)之间竞争的潜力较大,收到 3~4 及以上实力一般的社会资本(或联合体)提交的有效投标文件,投标文件中社会资本方要求的利润空间较为合理;社会资本内部收益率较收益率稍低于行业平均水平,不存在恶性竞争。<br>● 59-41:项目将引起社会资本(或联合体)之间竞争的潜力较小,收到 2 份实力一般的社会资本(或联合体)提交的有效投标文件;投标文件中社会资本方要求的利润空间合理性较差;社会资本方测算内部收益率较大幅度低于行业平均水平,存在一定的恶性竞争。<br>● 40-21:项目将引起社会资本(或联合体)之间竞争的潜力很小,收到 1 份实力一般的社会资本(或联合体)提交的有效投标文件;投标文件中社会资本方要求的利润空间合理性较差;社会资本方测算内部收益率大幅度低于行业平均水平,存在较大程度的恶性竞争。<br>● 20-0:项目引起社会资本(或联合体)之间竞争的潜力极小,未收到社会资本(或联合体)提交的有效投标文件。 |
| | | 社会资本方不存在恶性竞争 | |
| 基本指标 | 政府机构能力 | 政府具备全面、清晰的 PPP 理念 | ● 100-81:政府有丰富的参与 PPP 项目的经历,具备全面、清晰的 PPP 理念;已为该项目组建 PPP 工作小组,设立了项目的实施机构;PPP 项目采购方式科学合理,且采购程序公开透明,且预期政府能够控制财政支出,将 PPP 项目支出控制在一般公共预算支出的 10% 以内;有较强的建立公平开放的市场规则和推动信息及时公开的能力,若地方政府能够取到中央财政以奖代补资金可在原有基础上加 1~5 分。<br>● 80-60:政府有过参与 PPP 项目的实施机构;PPP 项目采购方式较为科学合理,清晰的 PPP 理念;已为该项目组建 PPP 工作小组,设立了项目的经历,将 PPP 项目公开支出责任控制在一般公共预算支出的 10% 以内;有较强程序较为公开透明;预期政府能控制财政支出,将 PPP 项目公开及时的信息和推动财政支出取到中央财政以奖代补资金取到公平在原有基础上加 1~5 分。<br>● 59-41:未满足以下五点任意一点:①政府有参与 PPP 项目的经历,②PPP 项目的实施机构;③PPP 项目采购方式科学合理,采购程序的公开透明;④预期政府能控制财政支出,能将 PPP 项目支出控制在一般公共预算支出的 10% 以内;⑤能建立公平开放的市场规则和推动信息及时公开。 |
| | | 已组建 PPP 工作小组,设立项目的实施机构 | |
| | | 采用合理采购方式 | |
| | | 预期政府能守任财政支出责任红线 | |
| | | 能建立公平开放的市场规则,推动信息及时公开 | |

(续表)

| 指标 | | 准入条件 | 评价标准 |
|---|---|---|---|
| 基本指标 | 政府机构能力 | 加分项：能争取到中央财政PPP奖代补资金 | ● 40-21：未满足以下五点任意两点：①政府有参与PPP项目的经历，PPP理念清晰；②已为该项目组建工作小组，设立项目的实施机构；③PPP项目采购方式科学合理，采购程序的公开透明；④预期政府能控制财政支出，能将PPP项目支出责任控制在一般公共预算支出的10%以内；⑤能建立公平开放的市场规则，推动及时信息公开。<br>● 20-0：未满足以下五点任意三点：①政府有参与PPP项目的经历，PPP理念清晰；②已为该项目组建工作小组，设立项目的实施机构；③PPP项目采购方式科学合理，采购程序的公开透明；④预期政府能控制财政支出，能将PPP项目支出责任控制在一般公共预算支出的10%以内；⑤能建立公平开放的市场规则，推动及时信息公开。 |
| | 可融资性 | 有效进行多种方式融资的潜力大 | ● 100-81：项目有效进行多种方式融资的潜力很大，充足，可测，对金融机构的吸引力很大。<br>● 80-60：项目有效进行多种方式融资的潜力较大，充足，可测，投标文件中提出的融资方案比较合理可行；投标文件中财务报表显示项目的现金流较为稳定，可测，对金融机构的吸引力较大。<br>● 59-41：项目有效进行多种方式融资现金流的稳定性，无足性与可测性较大，投标文件中提出的融资方案的合理性与可行性较差。<br>● 40-21：项目有效进行多种方式现金流的稳定性，无足性与可测性很小，投标文件中提出的融资方案的合理性与可行性很弱，投标文件中财务报表显示项目的合理性较差。<br>● 20-0：项目财务报表显示现金流的稳定性，无足性与可测性较差，投标文件中提出的融资方案的合理性与可行性极弱，投标文件中财务报表显示的合理性与可测性极小。 |
| | | 项目对金融机构具有吸引力 | |
| 附加指标 | 全生命周期成本测算准确性 | 测算原始数据齐全且真实有效 | ● 100-81：项目的全生命周期成本已较很好地理解和认识；测算采用的原始数据齐全真实有效，成本测算方法科学可行，成本被准确预估的程度和可能性高。<br>● 80-60：项目的全生命周期成本已较好地理解和认识，测算采用的原始数据比较齐全和真实有效，成本测算方法比较科学可行，成本被准确预估的程度和可能性较高。 |
| | | 成本被准确预估的程度和可能性高 | |

（续表）

| | 指标 | 准入条件 | 评价标准 |
|---|---|---|---|
| 附加指标 | 全生命周期成本测算准确性 | 政府方、社会资本方及被委托咨询机构对全生命周期成本各组成部分的理解准确程度高 | • 59-41：对项目全生命周期成本的理解和认识较差；测算方法的科学性与可行性较差；测算采用的原始数据齐全性与真实有效性较差；成本测算方法的齐全性与真实有效性较差。<br>• 40-21：对项目全生命周期成本的理解和认识差；测算方法的科学性与可行性差；测算采用的原始数据的齐全程度和可能性差。<br>• 20-0：对项目全生命周期成本的理解和认识很差；测算方法的科学性与可行性很差；测算采用的原始数据的齐全程度和可能性很低。 |
| | 预期使用寿命 | 不低于10年 | • 100-81：资产的预期使用寿命大于20年。<br>• 80-60：资产的预期使用寿命为10~20年。<br>• 59-0：资产的预期使用寿命低于10年。 |
| 加分指标 | 社会效益 | | • 实施方案中有对社会效益的分析，确定有合理的社会成本与社会产出分析，结果显示项目具有良好的社会效益，可酌情加1~3分。 |
| | 环境效益 | | • 实施方案中有对环境效益的分析，确定有合理的环境成本与环境产出分析，结果显示项目具有良好的环境效益，可酌情加1~3分。 |

## 4.3 双阶段 VFM 定性评价的指标权重分析

通过合理确定指标的权重可以调整各定性指标在整个体系中的重要程度,突出项目某些不易定量测算的社会效益或环境效益,体现基础设施项目的公益性和服务性,因此权重确定是 VFM 定性评价中不可缺少的内容。

### 4.3.1 VFM 定性评价中权重测定方法的选择

本研究对当前常用的权重测定方法展开探讨,以期为 VFM 定性评价实践操作中指标权重的确定提供参考。权重的确定方法[①]可分为主观赋值法、客观赋值法和组合赋值法三类。

**1) 主观赋值法**

主观赋值法计算权重的原始数据主要是由评估者的主观判断提供的,如专家调查法、二项系数法、层次分析法、环比评分法等。专家调查法包括专家会议法、专家信函法(德尔菲法)及专家打分法等,这类方法较大程度依赖专家的经验和学识水平给出权重大小,判断快捷,组织方便,主观性强。二项系数法的基本思想是先由甄选出的专家们独立对 $n$ 个指标的重要性进行评估,然后对所有评价指标按重要度大小排序,再根据重要度的大小将指标从中间向两边对称依次排开模拟成二项分布,从而利用二项式加权系数公式计算出第 $i$ 个指标的权重值。层次分析法是将决策问题按总目标、各层子目标、评价准则分解为不同的层次结构,然后由专家问卷获得两两比较后的重要程度判断矩阵,再用求解判断矩阵特征向量的办法,求得每一层次的各元素对上一层次某元素的优先权重,最后再加权和的方法递阶归并各备择方案对总目标的最终权重。环比评分法又称 DARE

---

① 以下方法诠释是诸多网页和博文解释的综合。

法,是通过专家打分确定各指标的重要度来评价的,用各指标修正重要度比值除以修正值总和,即得各指标权重,这种方法在价值工程中用作功能评价较多,要求被比较指标间有较明显的可直接比对关系。

主观赋值法认为权重的实质是评价指标对于评价目标重要程度的量化体现,该方法主要依据决策者和专家的经验及偏好,指标权重大小的排序基本与实际情况相符合,不会出现属性权重与属性实际重要程度相悖的情况,但是评价结果主观随意性比较强、客观性较差。

**2) 客观赋值法**

客观赋值法计算权重的原始数据由测评指标在被测评过程中的实际数据得到,如熵值法、变异系数法、主成分分析法等。

熵值法是依赖于被评价指标的差异程度来判断其重要程度的。熵是热力学的一个物理概念,是体系混乱度(或无序度)的量度。熵越大说明系统越混乱,携带的信息越少;熵越小说明系统越有序,携带的信息越多。信息熵则借鉴了热力学中熵的概念,用于描述平均而言事件信息量的大小,信息熵即是事件所包含的信息量的期望。用到指标评价方面,信息熵的基本思想是从熵的角度来反映指标对评价对象的区分程度,某指标的熵值越小,则该指标的样本数据就越有序,样本数据间的差异就越大,对评价对象的区分能力也就越大,相应的权重也就越大。相反,某个指标的信息熵越大表明指标的变异程度越小,提供的信息量也就越少,在综合评价中所起的作用也就越小,其权重也就越小。

变异系数法是直接利用各项指标所包含的信息,通过计算得到指标的权重。变异系数又称"标准差率",当进行两个或多个资料变异程度的比较时,如果单位和(或)平均数不同,需采用标准差与平均数的比值(即变异系数)来比较。变异系数法基本思想是在评价指标体系中,那些取值差异越大的指标,其变异系数越大,可能是较难实现的指标,这样的指标更能反映被评价单位的差距,因此被赋予更大权重。

主成分分析法的思想在于降维,把多指标转化为少数几个综合指标(即主成分),其中每个主成分都能够反映原始变量的大部分信息,且所含信息互不重复。具体思路是采用数学变换的方法,把给定的一组相关变量通过线性变换转成另一组不相关的变量,这些新的变量按照方差依次递减的顺序排列。在数学变换中保持变量的总方差不变(即能反映原始变量大部分信息),使第一变量具有最大的方差,称为第一主成分,第二变量的方差次大,并且和第一变量不相关,称为第二主成分。依次类推,$i$ 个变量就有 $i$ 个主成分。然后以主成分的方差贡献率作为指标权重。

客观赋值法是以数学理论为基础,以实际样本数据为对象进行定量分析的一种方法。理论上说客观赋值法保证了权重的绝对客观性,但是对数据的要求较高,且忽略了主观信息,如人的经验、项目不确定性等,可能会造成权重与实际情况相悖的情况。

### 3) 组合赋值法

组合赋值法也被称为主客观综合集成赋值法,这是将主观赋值法与客观赋值法的优势结合起来,既考虑到了决策者和专家的主观意向,又能够通过数学方法保证权重的客观性,使得权重的确定与实际情况更相符。事实上,主观赋值法后半部分的数据处理也须用到统计计算,客观赋值法前半部分的指标值很多也是通过专家问卷获取,只是数据处理部分数学与统计方法应用的深浅不同。本文在组合赋权中介绍有一定的客观科学性的向量相似度法。

向量相似度法是通过对以主/客观赋权法获得的权重计算向量相似度来进行权重修正的方法。从相似学原理分析,如果一种赋权法所得的向量与其他赋权法所得的向量相似程度大,则说明多数决策者持有相近的主观偏好或由原数据处理得到的权重比较稳定可靠,这些权向量在组合权向量中应获得更大的比重。实际运算也就是计算两个向量的距离,距离越近相似度越大(依据向量的大小和方向分解为范数相似度和方向相似度)。因此,可以通过计算各指标特征(权重)向量与系统综合指标向量的相似度并将其归一化处理进而得出了指标权重。

选择何种方法确定指标权重,是要对应于项目具体情况以及可获得数据的方式与多少。当前基础设施领域项目评价水平参差不齐,拟采用 PPP 模式的项目 VFM 定性评价多采用专家评估法获得主观权重,客观赋值各种方法各有利弊,其中熵值法与变异系数法是通过计算样本的离散程度来确定权重的,其中离散程度越大表明指标的影响程度越大,权重越高;多元统计法是包括主成分分析法与因子分析法,是通过降维来获得少数综合指标权重的方法;向量相似度法是通过计算向量相似度来判断各指标对系统的贡献度,从而确定指标权重的一种方法。本文选择能实现主观赋值法与客观赋值法优势互补的主客观组合赋值法作为权重的确定方法,在专家评估法的基础上对权重进行修正,旨在探索权重赋值的科学性和合理性。

### 4.3.2　VFM 定性评价权重确定流程

本文选用向量相似度法确定 VFM 定性评价指标权重,确定流程如下:

1) 设计专家调查问卷(见附录 B);

2) 确定并邀请各相关领域专家根据自身经验对指标权重进行估测;

3) 通过向量相似度法确定其权重,具体步骤如下:

(1) 定义:设 $X=(x_1, x_2, x_3, \cdots, x_n)$ 为参考向量,第 $i$ 个指标的赋值权重向量 $Y_i=(y_{i1}, y_{i2}, y_{i3}, \cdots, y_{in})$ 为比较向量,其中 $n$ 为专家的个数。

(2) 计算向量相似度

① 计算两向量的内积

$$[X, Y_i] = x_1 y_{i1} + x_2 y_{i2} + \cdots + x_n y_{in} \qquad (4-1)$$

② 计算向量的范数(长度)

$$\|\boldsymbol{X}\| = \sqrt{[\boldsymbol{X},\boldsymbol{X}]} = \sqrt{x_1^2 + x_2^2 + \cdots + x_n^2} \quad (4\text{-}2)$$

$$\|\boldsymbol{Y}_i\| = \sqrt{[\boldsymbol{Y}_i,\boldsymbol{Y}_i]} = \sqrt{y_{i1}^2 + y_{i2}^2 + \cdots + y_{in}^2} \quad (4\text{-}3)$$

③ 计算向量的夹角

$$\theta = \arccos \frac{[\boldsymbol{X},\boldsymbol{Y}_i]}{\|\boldsymbol{X}\|\,\|\boldsymbol{Y}_i\|} \quad (0 \leqslant \theta \leqslant 180°) \quad (4\text{-}4)$$

特殊情况,当 $\theta = 90°$ 时,两向量正交,相似度为 0。

④ 计算向量 $\boldsymbol{X}$ 与 $\boldsymbol{Y}_i$ 的(长度)相似度 $\alpha$

$$\alpha(\boldsymbol{X},\boldsymbol{Y}_i) = \begin{cases} 1 - \dfrac{\|\boldsymbol{X}\| - \|\boldsymbol{Y}_i\|}{\|\boldsymbol{X}\|} & \|\boldsymbol{Y}_i\| \leqslant 2\|\boldsymbol{X}\| \\ 0 & \|\boldsymbol{Y}_i\| > 2\|\boldsymbol{X}\| \end{cases} \quad (4\text{-}5)$$

⑤ 计算向量 $\boldsymbol{X}$ 与 $\boldsymbol{Y}_i$ 的方向相似度 $\beta$

$$\beta(\boldsymbol{X},\boldsymbol{Y}_i) = 1 - \frac{\theta}{90} \quad (4\text{-}6)$$

⑥ 计算向量 $\boldsymbol{X}$ 与 $\boldsymbol{Y}_i$ 的相似度 $\gamma$

$$\gamma(\boldsymbol{X},\boldsymbol{Y}_i) = \alpha\beta \quad (4\text{-}7)$$

(3) 归一化处理

归一化通常有两种形式:一是将数值转换为(0,1)之间的小数或百分数;二是将有量纲表达式转变为无量纲表达式,在向量相似度法下,归一化处理为第一种形式,即将数值转换为(0,1)之间的小数或百分数。

(4) 计算向量相似度法修正后的指标权重

在获得每项指标的主客观权重之后,可根据主客观综合集成赋权法的赋权方法进行综合权重的计算,最常用的是基于加法或乘法合成、再归一化处理的方法,如下[94]:

$$\lambda_i = \frac{w_i + \theta_i}{\sum_{i=1}^{m}(w_i + \theta_i)} \quad i=1,2,\cdots,m \qquad (4\text{-}8)$$

$$\lambda_i = \frac{w_i \theta_i}{\sum_{i=1}^{m}(w_i \theta_i)} \quad i=1,2,\cdots,m \qquad (4\text{-}9)$$

其中：$w_i$——第 $i$ 个指标的客观权重；

$\theta_i$——第 $i$ 个指标的主观权重；

$\lambda_i$——第 $i$ 个指标的综合权重；

$m$——共有 $m$ 个指标。

公式(4-8)为基于加法再归一化处理的计算方法，公式(4-9)为基于乘法再归一化处理的计算方法。通过基于乘法在归一化处理计算得出的结果存在两个较为显著的缺陷：一是会使得大的权重占比更大，小的权重占比更小，导致调整后的综合权重不能反映真实情况；二是偏离了预期，误差较大。故本文采用基于加法再归一化处理的计算方法。在 VFM 定性评价的指标评价标准及权重确定之后，可邀请专家对 PPP 项目进行定性评价，在各专家根据自身的经验给出各指标的分数后，通过加权平均的方法可获得各指标的最终得分。

## 4.4 双阶段 VFM 定性评价结果分析

依据财政部财金〔2015〕167 号文《政府和社会资本合作项目物有所值评价指引(试行)》第二十五条，定性评价结论需由项目本级财政部门(或 PPP 中心)会同行业主管部门根据专家组意见做出。本章中分析了定性评价指标的筛选、准入标准设立和指标权重的测定。在确定各指标权重后，通过专家打分或其他有效方法获得各指标的分值后，运用加权数学平均法算得定性评价综合值：

$$y = \sum_{i=0}^{n} \lambda_i x_i \qquad (4\text{-}10)$$

其中：$y$——定性评价综合值；

$\lambda_i$——第 $i$ 个指标的权重；

$x_i$——第 $i$ 个指标的得分值。

财政部财金〔2015〕167号文第二十五条：原则上，评分结果在60分（含）以上的，通过定性评价；否则，未通过定性评价。但是在实际运用中，对于评分在60~69分之间的项目，经常存在很多需要重大调整或修正的问题，可能成为影响项目成功的重要风险因素，因此本文强烈建议定性评价综合评分结果为60~69分之间（包含60分）为有条件通过。对这类项目，发起方应在专家组意见指导下对项目方案做出相对应的修改和完善，并在规定时间内由原专家小组成员进行信函评审，再给出最终"通过"或"不通过"的评价结论。

# 5 拟采用 PPP 模式的项目 VFM 定量评价分析

在项目识别阶段和准备阶段,分别开展定性评价分析,以对基础设施项目的采购模式做出定性的判断,如果定性评价的结果小于 60 分,可以判定该基础设施项目不适合采用 PPP 模式,应将该项目转为政府采购或其他合适的模式,不需要进行 VFM 的定量评价;但是如果定性评价结果表明 PPP 模式是可行的,那么就需要进一步开展定量评价,以明确采用 PPP 模式是否可获得全寿命周期内的成本节约,以及节约量是多少。由于准备阶段的方案更接近实际状况,这一阶段的数据也应更详细、准确,所做出的 VFM 定量评价结果更具参考价值。

本章结合政府相关文件,对 VFM 定量评价的评价流程、重要参数(折现率和合理利润率)进行了探讨;并基于此,逐一分析了 PSC 值与 PPP 值的组成与计算方法,为基础设施项目前期采购方式决策的 VFM 定量评价操作提供参考。

## 5.1 项目 VFM 定量评价流程

第 3 章中已详细分析了 VFM 定量评价的各种方法,依据财政部财金〔2015〕167 号文指引,结合我国实际情况,目前基础设施领域的 VFM 定量评价较多是采用公共部门比较法(PSC 法)。物有所值定量分析的假设前提是针对同一个公共基础设施项目在不同采购模式下建设标准与质量完全相同,通过计算两种采购模式下投入的全部成本与费用,选择价格更低的采购模式。我国采用的公共部门比较值(PSC)参照法,需要先测算出在政府采购模式下全部费用支出(PSC值),然后再假设采用PPP模式采购法,计算该种模式下建设运营完全相同的项目所需要的全部费用支出的限值(PPP值),并将两者进行比较得到VFM,即

$$VFM = PSC - NPV(PPPs) \qquad (5-1)$$

PSC值是根据模拟项目或相似项目的数据资料计算得到的,为初始PSC值、竞争性中立调整值、转移风险值及保留风险值四项之和,见公式(5-2)所示。虽然识别阶段与准备阶段PSC的组成相同,但是由于测算的精确性大不相同,得出的结果存在很大差异,为了区别识别阶段PSC与准备阶段PSC,本文用阶段数加以区分,即识别阶段PSC值计作$PSC_1$、准备阶段PSC值计作$PSC_2$。

$$PSC = C_1 + C_2 + C_3 \qquad (5-2)$$

其中:$C_1$——参照项目的建设和运营维护净成本;

$C_2$——竞争性中立调整值;

$C_3$——项目全部风险成本,包括转移风险值和保留风险值。

识别阶段与准备阶段处于项目前期,PPP模式下政府支出的现值是通过测算政府采用PPP模式的支出得到的,由于不是实际测算的价格,故称为影子价格。PPP值由三部分组成,测算影子报价,即政府建设运营成本,政府保留风险成本与政府投资支出,见公式(5-3)所示。同理,虽然PPP的组成相同,但是两阶段的计算结果存在显著差异,本文用阶段数加以区分,即识别阶段PPP值计作$PPP_1$、准备阶段PPP值计作$PPP_2$。

$$PPP = A + B + C + D \qquad (5-3)$$

其中:$A$——PPP项目全生命周期内股权投资;

$B$——PPP项目全生命周期内运营补贴;

$C$——PPP项目全生命周期内风险承担;

$D$——PPP 项目全生命周期内配套投入。

**1) 识别阶段 PSC 法**

识别阶段 $VFM = PSC_1 - PPP_1$,如图 5-1(a)所示,若 $VFM>0$,则采用 PPP 模式能够实现物有所值,可以进入下一阶段;若 $VFM<0$,则表明采用 PPP 模式不能实现物有所值,可进行实施方案的调整,若经调整后通过则可采用 PPP 模式,否则应采用传统采购模式。

**2) 准备阶段 PSC 法**

通过识别阶段 VFM 评价的项目其必要性和可行性已经得到初步验证,准备阶段 VFM 评价的目的是在接触社会资本、调整优化实施方案后,以更翔实的数据资料为政府部门判断项目采用 PPP 模式是否物有所值提供决策依据。准备阶段 $VFM = PSC_2 - PPP_2$,如图 5-1(b)所示,若 $VFM>0$,则表明 PPP 模式能够实现物有所值,应采用 PPP 模式;若 $VFM<0$,则表明 PPP 模式不能实现物有所值,可进行实施方案的调整,若经调整后通过则可采用 PPP 模式,否则应放弃 PPP 模式。

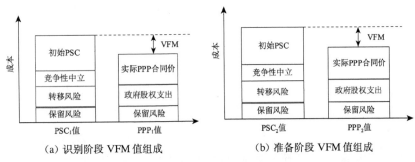

图 5-1 识别阶段与准备阶段 VFM 值组成

## 5.2 VFM 定量评价的参数分析

目前可采用 PPP 模式的项目以使用者付费＋可行性缺口补助模式为主,欲通过 VFM 评判是否适合采用 PPP 模式,就需要相对准确地测算出政府补贴的数额。根据工程经济理论和方法,计算中有两个参数的选择会较大影响 VFM 的计算结果,即折现率与合理利润率。

### 5.2.1 折现率

根据物有所值评价要求,定量评价中的各项参数都应该用现值计算。因此,项目周期内各项支出的费用应选择合适的折现率进行折现,然后再对各项支出的现值进行计算和比较。折现率就是把项目周期内各项支出折算成现值的比率,折现结果与折现率的取值息息相关,因而也对物有所值定量评价产生重要影响[95]。

参照经济评价理论与实践,VFM 评价选取的折现率有四种,即社会时间偏好折现率(Social Time Preference Rate,STPR)、利用资本资产定价模型(Capital Asset Pricing Model,CAPM)确定折现率、资本的社会机会成本(Social Opportunity Cost of Capital,SOCC)和无风险利率[96]。

**1) 社会时间偏好折现率**

社会时间偏好折现率是放弃现有消费去投资所期望获得的回报率,反映了社会成员对社会费用效益价值的时间偏好。社会时间偏好折现率由两部分组成:

(1) 未来消费折现为当前消费的折现率 $\rho$

在假设人均消费不变的情况下,$\rho$ 考虑了纯时间偏好及灾难性风险两个因素,其中纯时间偏好反映了社会成员对当前消费比未来消费的偏好;灾难性风险是指对于从政策、计划或项目获得回报具有颠覆性的事情。

(2) 消费的边际效用

预计人均消费量随着时间增长,意味着未来消费相对于当前状况是丰富的,故边际效用将降低,用人均消费年增长率($g$)与消费的边际效用弹性系数($\mu$)的乘积表示。

$$r = \rho + g\mu \tag{5-4}$$

其中：$r$——社会时间偏好折现率；

$\rho$——未来消费折现为当前消费的折现率；

$g$——人均消费年增长率；

$\mu$——消费的边际效用弹性系数。

这种方法在国外 PPP 项目上运用得较多，取值上各国不同，本国内统一采用一个数值。例如在英国采用社会时间偏好折现率作为 PPP 项目 VFM 定量评价的折现率，实际采用利率为 3.5%，当项目特许经营期超过 30 年时，开始使用递减折现率[51]。其基本思想体现是社会对资金时间价值的估算，是从整个国民经济角度所要求的资金投资收益率标准，代表占用社会资金所应获得的最低收益率。但项目在不同地区、不同行业和不同时期有诸多不同，采用统一的社会折现率对不同的 PPP 项目进行评价在实践中也被认为不甚合适。

**2）利用资本资产定价模型（CAPM）确定折现率**

资本资产定价模型在考虑市场全部的系统风险的前提下，确定项目的折现率。其原理是政府方把项目的系统性风险转移给了社会资本方，故需要支付社会资本合理的收益率作为补偿，计算公式如下：

$$r = r_f + \beta(r_m - r_f) \tag{5-5}$$

其中：$r$——资产的预期收益率；

$r_f$——无风险利率；

$r_m$——预期的市场收益率；

$\beta$——资产的系统性风险。

资本资产定价模型把无风险收益率、风险的价格和风险的计算单位这三个因素有机地结合在一起，可以有效反映资产的最小收益需求和风险偏好之间的关系[97]。但 PPP 项目目前以使用者付费＋可行性缺口补贴模式为主，缺乏有效的完全竞争市场（很难准确预测预期的市场收益率),其主要资金还是以银行贷款为主,因此适用性上有所欠缺。

3) 资本的机会成本

机会成本是指当把一定的生产要素投入到某种产品或服务的供应时,失去利用这些生产要素提供其他产品或服务可获得的最高收益。加拿大政府在 2007 年的成本效益分析指南中采用社会机会成本法计算得出实际利率为 8%,并将其作为折现率。资本作为一种生产要素,资本的社会机会成本是指从全社会的角度来看,某项资本因为用于提供某种产品或服务而失去的提供其他产品或服务的机会中可能获得的最大利益。资本的机会成本是指项目公司以各种资本在全部资本中所占的比重为权数,对各种长期资金的资本成本加权平均计算出来的资本总成本。资本的加权平均成本(Weighted Average Cost of Capital,WACC)计算公式如下:

$$\text{WACC} = \frac{E}{E+D} R_e + \frac{D}{E+D} R_d (1 - T_c) \qquad (5\text{-}6)$$

其中:WACC——资本的加权平均成本;

$E$—— 权益资本;

$D$—— 债务资本;

$R_e$—— 权益资本成本;

$R_d$—— 债务资本成本;

$T_c$—— 企业所得税税率。

但是资本资产定价模型一般用来确定具有平均风险投资项目所要求的收益率,在计算股权资本成本方面有较多应用,并不太适合直接用于 PPP 项目的折现率。

4) 无风险利率

无风险利率是指将资金投入某个无风险的项目所获得的利息率。一般可将政府长期贷款视为无风险利率,法国、智利、韩国、爱尔兰、美国弗吉尼亚州等国家或地区选择无风险利率作为项目的折现率。根据财政部财金〔2015〕21号文,我国当前使用的折现率应考虑财政补贴支出发生年份,并参照同期地方政府债券收益率合理确定。这是依据21号文思路,认为各阶段风险已单独进行了量化和分析,并将其加入项目现金流中,因此可将PPP项目的现金流视为无风险现金流,可选择无风险利率作为项目的折现率。但是,在项目风险分析中是很难做到准确识别、评估与评价的。

折现率的选择对VFM定量分析结果有着重要影响,从上文分析可知并没有哪种非常适合的选择方法。目前,大多数拟采用PPP模式的项目在开展VFM定量评价时仍是以财政部财金〔2015〕21号文为依据,采用无风险利率为基本折现率,根据项目具体情况再做微小调整。

### 5.2.2 合理利润率

利润率的定义是剩余价值与全部预付资本的比率,也是剩余价值率的转化形式,可反映不同企业之间和同企业不同时期的经营管理水平。在VFM定量评价中,由于政府补贴在当期现金流中占有较大比重,选择合理的利润率对政府与社会资本双方都有益。

依据财政部文件指引,采用PPP模式的项目合理利润率应以商业银行中长期贷款利率水平为基准,充分考虑可用性付费、使用量付费、绩效付费的不同情景,结合风险等因素确定。根据财金〔2015〕21号文中公布的运营补贴支出的计算公式:

$$
\begin{aligned}
\text{当年运营补贴支出数额} = & \frac{\text{项目全部建设成本} \times (1+\text{合理利润率}) \times (1+\text{年度折现率})^n}{\text{财政运营补贴周期(年)}} \\
& + \text{年度运营成本} \times (1+\text{合理利润率}) - \text{当年使用者付费数额}
\end{aligned} \quad (5\text{-}7)
$$

其中:$n$代表折现年数;

财政运营补贴周期是指财政提供运营补贴的年数。

该计算公式分三部分,第三部分是使用者付费数额,不在此讨论范围内;第一部分的"项目全部建设成本×(1＋合理利润率)/财政运营补贴周期(年)",可以理解为政府把社会资本方当作贷款人,以单利形式在运营期各年等额偿还本金、利息照付的方式,偿还社会资本方投入的项目全部建设成本,在此基础上再乘以$(1＋年度折现率)^n$,动态测算政府支付到各年时的资金时间价值。这里的合理利润率应当覆盖社会资本方建设期投入的成本利润率和融资成本,需考虑建设行业内的一般收益率,而不仅仅是参照商业银行中长期贷款利率;第二部分的"年度运营成本×(1＋合理利润率)",可以理解为政府把社会资本方当作运营商,这里的合理利润率应当视项目运营内容参照对应行业的一般收益率。因此,这两部分的合理利润率应分别测算、选择。

合理利润率以商业银行中长期贷款利率水平为基准来选择,还需考虑项目所在地区和行业经济发展水平。一般而言,经济实力越弱的地区商业银行的贷款利率会越高,劳动密集度越高的行业能获得的商业贷款利率可能也会越高,这都和偿还贷款的能力密切关联。总的来说,合理利润率的合理与否,体现在不让社会资本方因该项目获取暴利,也不能设置过低造成项目公司缺乏财务生存能力,导致项目失败。

## 5.3 政府支付的不同方法

PSC法旨在通过比较PSC值与PPP值的现值判断VFM。根据文献阅读和参与到实际项目的经验发现,PSC值折现的计算方式大体相同;PPP值的计算方法却不尽相同,PPP值由股权投资、运营补贴、风险承担三项组成,差异主要集中在运营补贴上。本文针对运营补贴测算的差异将PPP值定量评价的方法分为财政部指引法与折现现金流模型法。财政部根据补贴的支付来源将运营补贴的支付机制分为政府付费[①]、使用者付费和可行性缺口补助三类,其中使用者付费模式下政府付费为零,不做讨论。下文根据财政部指引法与折现现金流模型法就政府付费和使用者付费分别进行讨论。

### 5.3.1 财政部指引法

根据财政部指引法,运营补贴应根据项目建设成本、运营成本及利润水平合理确定。

(1) 政府付费模式下政府支付的运营补贴

政府付费模式下,在项目运营补贴期间,政府承担全部付费责任,包括社会资本方承担的年均建设成本(折算成各年度现值)、年度运营成本和合理利润,计算公式如下:

$$B_n = \frac{C_b \cdot (1+r) \cdot (1+i)^n}{N} + C_{on} \cdot (1+r) \quad (5-8)$$

其中:$B_n$——第 $n$ 年运营补贴;

$C_b$——全部建设成本;

$C_{on}$——第 $n$ 年运营成本;

$r$——合理利润率;

$N$——运营补贴共支付 $N$ 年;

$i$——折现率。

(2) 可行性缺口补助模式下政府支付的运营补贴

可行性缺口补助模式下,在项目运营补贴期间,政府承担部分直接付费责任。政府每年直接付费数额包括:社会资本方承担的年均建设成本(折算成各年度现值)、年度运营成本和合理利润,再减去每年使用者付费的数额。计算公式为:

$$B_n = \frac{C_b \cdot (1+r) \cdot (1+i)^n}{N} + C_{on} \cdot (1+r) - B_{on} \quad (5-9)$$

---

[①] 考虑到2014—2017年间有大量政府付费方式的项目采用PPP模式,本文讨论时仍保留了这种方式。

其中：$B_n$——第 $n$ 年运营补贴；
　　　$C_b$——全部建设成本；
　　　$C_{on}$——第 $n$ 年运营成本；
　　　$B_{on}$——第 $n$ 年使用者付费；
　　　$r$——合理利润率；
　　　$N$——运营补贴共支付 $N$ 年；
　　　$i$——折现率。

## 5.3.2 折现现金流模型法

折现现金流模型法是把将建设成本与合理利润率的乘积作为现值，以此为基础计算运营补贴的一种方法。该方法有两种视角：一是等额本息视角；二是等额本金视角。下面分别进行分析。

（1）等额本息视角下政府支付的运营补贴

等额本息视角下的政府付费模式，年度运营补贴包括通过等额本息还款公式折算到运营当年的现值、运营成本与合理利润，公式如下：

$$B_n = C_b \cdot (1+r) \frac{i(1+i)^n}{(1+i)^n - 1} + C_{on} \cdot (1+r) \quad (5-10)$$

其中：$B_n$——第 $n$ 年运营补贴；
　　　$C_b$——全部建设成本；
　　　$C_{on}$——第 $n$ 年运营成本；
　　　$r$——合理利润率；
　　　$i$——折现率。

等额本息视角下的可用性付费模式，年度运营补贴包括通过等额本息还款公式折算到运营当年的现值、运营成本与合理利润，再减去每年使用者付费的数额，公式如下：

$$B_n = C_b \cdot (1+r) \frac{i(1+i)^n}{(1+i)^n - 1} + C_{on} \cdot (1+r) - B_{on}$$

$$(5-11)$$

其中：$B_n$——第 $n$ 年运营补贴；

$C_b$——全部建设成本；

$C_{on}$——第 $n$ 年运营成本；

$B_{on}$——第 $n$ 年使用者付费；

$r$——合理利润率；

$i$——综合回报率。

(2) 等额本金视角下政府支付的运营补贴

等额本金视角下的政府付费模式，年度运营补贴包括通过等额本金还款公式折算到运营当年的现值、运营成本与合理利润，公式如下：

$$B_n = \frac{C_b \cdot (1+r)}{N} + C_b \cdot (1+r) \cdot i \cdot \left(1 - \frac{n-1}{N}\right) + C_{on} \cdot (1+r) \tag{5-12}$$

其中：$B_n$——第 $n$ 年运营补贴；

$C_b$——全部建设成本；

$C_{on}$——第 $n$ 年运营成本；

$r$——合理利润率；

$i$——折现率；

$N$——运营补贴共支付 $N$ 年。

等额本金视角下的可用性付费模式，年度运营补贴包括通过等额本金还款公式折算到运营当年的现值、运营成本与合理利润，再减去每年使用者付费的数额，公式如下：

$$B_n = \frac{C_b \cdot (1+r)}{N} + C_b \cdot (1+r) \cdot i \cdot \left(1 - \frac{n-1}{N}\right) + C_{on} \cdot (1+r) - B_{on} \tag{5-13}$$

其中：$B_n$——第 $n$ 年运营补贴；

$C_b$——全部建设成本；

$C_{on}$——第 $n$ 年运营成本；

$B_{on}$——第 $n$ 年使用者付费；

$N$——运营补贴共支付 $N$ 年。

(3) 项目示例

上文介绍了政府付费模式与可用性付费模式下采用的两种计算方法，即财政部指引法与折现现金流模型法。为了简化计算过程，下面模拟一个政府付费模式的项目示例分析一下财政部指引法、等额本息视角与等额本金视角下政府补贴的差异（其中建设期与运营期取了相同合理利润率）。

项目建设投资约 24 658.8 万元，其中资本金为建设投资的 30%，即 7 397.64 万元；债务融资为建设投资的 70%，即 17 261.16 万元。项目合作期为 12 年，其中建设期为 2 年，建设投资投入的比例为第一年 60%、第二年 40%，运营期为 10 年，年运营成本为 180 万元，折现率取 2.71%，融资利率暂按现行 5 年期以上贷款基准利率 4.9%上浮 10%考虑，即 5.39%，合理利润率暂按现行 5 年期以上贷款基准利率 4.9%上浮 20%考虑，即 5.88%，计算过程如下：

① 计算建设期利息以确定总投资

经计算，建设期利息为 1 023.41 万元（表 5-1），总投资为建设期投资与建设期利息之和，即 25 682.21 万元。

表 5-1　建设期利息　　　　　　　　　单位：万元

| 序号 | 项目 | 建设期 | |
|---|---|---|---|
| | | 1 | 2 |
| 1 | 付款比例 | 60% | 40% |
| 2 | 年初累计贷款 | 0 | 10 356.696 |
| 3 | 当年融资 | 10 356.696 | 6 904.46 |
| 4 | 建设期利息 | 279.11 | 744.30 |
| 5 | 年末累计贷款 | 10 356.696 | 17 261.16 |

② 计算运营期还本付息

还本付息情况见表5-2所示，为运营成本的计算打下基础。

③ 分别计算财政部指引法、等额本息视角与等额本金视角下的运营补贴：

A. 财政部指引法计算见表5-3所示。

B. 等额本息视角计算见表5-4所示。

C. 等额本金视角计算见表5-5所示。

在合理利润率相同，即同为5.88%的情况下，财政部指引法计算出来的运营补贴为39 238.44万元，等额本息视角下的运营补贴为39 052.74万元，等额本金视角下的运营补贴为38 890.37万元。通过比较可以看出，财政部指引法的静态总补贴数最高，其次是等额本息视角下的运营补贴额，等额本金视角下的静态总投资补贴额最低。

三种支付方式的区别在于建设期成本及合理利润的支付上，财政部指引法下静态建设期成本及利润的支付额最高，前期支付少，政府后期支付压力增大；等额本息视角下静态建设期成本及利润的支付额第二高，支付期内支付现金流平缓；等额本金视角下的静态建设期成本及利润的支付额最低，前期支付多，后期支付少，政府前期的压力比较大。

支付机制选择的不同不仅会影响每年的财政支出，而且不同的支付机制对应的项目的现金流、项目的内部收益率、社会资本方的内部收益率等都不尽相同，这些都影响着对社会资本的吸引力。实施方案不是一蹴而就的，需要根据VFM评价和财政承受能力论证的测算反复进行调整，故实际操作过程中应该纵观全局，尽可能考虑每一种可能性，要选择与项目最匹配的支付机制。

表 5-2 还本付息表

单位:万元

| 序号 | 项目 | 合计 | 运营期 | | | | | | | | | | |
|---|---|---|---|---|---|---|---|---|---|---|---|---|---|
| | | | 3 | 4 | 5 | 6 | 7 | 8 | 9 | 10 | 11 | 12 |
| 1 | 年初本息余额 | | 18 284.57 | 16 456.12 | 14 627.66 | 12 799.20 | 10 970.74 | 9 142.29 | 7 313.83 | 5 485.37 | 3 656.91 | 1 828.46 |
| 2 | 本年借款 | | 0 | 0 | 0 | 0 | 0 | 0 | 0 | 0 | 0 | 0 |
| 3 | 本年应计利息 | | 985.54 | 886.98 | 788.43 | 689.88 | 591.32 | 492.77 | 394.22 | 295.66 | 197.11 | 98.55 |
| 4 | 本年还本付息 | | 2 814.00 | 2 715.44 | 2 616.89 | 2 518.33 | 2 419.78 | 2 321.23 | 2 222.67 | 2 124.12 | 2 025.57 | 1 927.01 |
| 4.1 | 还本 | | 1 828.46 | 1 828.46 | 1 828.46 | 1 828.46 | 1 828.46 | 1 828.46 | 1 828.46 | 1 828.46 | 1 828.46 | 1 828.46 |
| 4.2 | 付息 | | 985.54 | 886.98 | 788.43 | 689.88 | 591.32 | 492.77 | 394.22 | 295.66 | 197.11 | 98.55 |
| 5 | 年末本息余额 | 39 238.44 | 16 456.12 | 14 627.66 | 12 799.20 | 10 970.74 | 9 142.29 | 7 313.83 | 5 485.37 | 3 656.91 | 1 828.46 | 0.00 |

表 5-3 财政部指引法运营补贴表

单位:万元

| 序号 | 项目 | 合计 | 运营期 | | | | | | | | | | |
|---|---|---|---|---|---|---|---|---|---|---|---|---|---|
| | | | 3 | 4 | 5 | 6 | 7 | 8 | 9 | 10 | 11 | 12 |
| 1 | 建设成本及合理利润 | | 2 792.92 | 2 868.61 | 2 946.35 | 3 026.20 | 3 108.21 | 3 192.44 | 3 278.96 | 3 367.82 | 3 459.08 | 3 552.82 |
| 2 | 运营成本 | | 1 165.54 | 1 066.98 | 968.43 | 869.88 | 771.32 | 672.77 | 574.22 | 475.66 | 377.11 | 278.55 |
| 2.1 | 财务费用 | | 985.54 | 886.98 | 788.43 | 689.88 | 591.32 | 492.77 | 394.22 | 295.66 | 197.11 | 98.55 |
| 2.2 | 运营维护成本 | | 180 | 180 | 180 | 180 | 180 | 180 | 180 | 180 | 180 | 180 |
| 3 | 运营成本及合理利润 | | 1 234.07 | 1 129.72 | 1 025.37 | 921.03 | 816.68 | 712.33 | 607.98 | 503.63 | 399.28 | 294.93 |
| 4 | 运营补贴 | | 4 027.00 | 3 998.34 | 3 971.73 | 3 947.22 | 3 924.88 | 3 904.77 | 3 886.93 | 3 871.45 | 3 858.36 | 3 847.76 |

表 5-4 等额本息视角下运营补贴计算表

单位:万元

| 序号 | 项目 | 合计 | 运营期 | | | | | | | | | |
|---|---|---|---|---|---|---|---|---|---|---|---|---|
| | | | 3 | 4 | 5 | 6 | 7 | 8 | 9 | 10 | 11 | 12 |
| 1 | 建设成本及合理利润 | | 3 140.77 | 3 140.77 | 3 140.77 | 3 140.77 | 3 140.77 | 3 140.77 | 3 140.77 | 3 140.77 | 3 140.77 | 3 140.77 |
| 2 | 运营成本 | | 1 165.54 | 1 066.98 | 968.43 | 869.88 | 771.32 | 672.77 | 574.22 | 475.66 | 377.11 | 278.55 |
| 2.1 | 财务费用 | | 985.54 | 886.98 | 788.43 | 689.88 | 591.32 | 492.77 | 394.22 | 295.66 | 197.11 | 98.55 |
| 2.2 | 运营维护成本 | | 180 | 180 | 180 | 180 | 180 | 180 | 180 | 180 | 180 | 180 |
| 3 | 运营成本及合理利润 | | 1 234.07 | 1 129.72 | 1 025.37 | 921.03 | 816.68 | 712.33 | 607.98 | 503.63 | 399.28 | 294.93 |
| 4 | 运营补贴 | 39 052.74 | 4 374.84 | 4 270.49 | 4 166.15 | 4 061.80 | 3 957.45 | 3 853.10 | 3 748.75 | 3 644.40 | 3 540.05 | 3 435.70 |

表 5-5 等额本金视角下运营补贴计算表

单位:万元

| 序号 | 项目 | 合计 | 运营期 | | | | | | | | | |
|---|---|---|---|---|---|---|---|---|---|---|---|---|
| | | | 3 | 4 | 5 | 6 | 7 | 8 | 9 | 10 | 11 | 12 |
| 1 | 建设成本及合理利润 | | 3 456.14 | 3 382.45 | 3 308.76 | 3 235.07 | 3 161.38 | 3 087.69 | 3 014.00 | 2 940.31 | 2 866.62 | 2 792.92 |
| 1.1 | "本金" | | 2 719.23 | 2 719.23 | 2 719.23 | 2 719.23 | 2 719.23 | 2 719.23 | 2 719.23 | 2 719.23 | 2 719.23 | 2 719.23 |
| 1.2 | "利息" | | 736.91 | 663.22 | 589.53 | 515.84 | 442.15 | 368.46 | 294.76 | 221.07 | 147.38 | 73.69 |
| 2 | 运营成本 | | 1 165.54 | 1 066.98 | 968.43 | 869.88 | 771.32 | 672.77 | 574.22 | 475.66 | 377.11 | 278.55 |
| 2.1 | 财务费用 | | 985.54 | 886.98 | 788.43 | 689.88 | 591.32 | 492.77 | 394.22 | 295.66 | 197.11 | 98.55 |
| 2.2 | 运营维护成本 | | 180 | 180 | 180 | 180 | 180 | 180 | 180 | 180 | 180 | 180 |
| 3 | 运营成本及合理利润 | | 1 234.07 | 1 129.72 | 1 025.37 | 921.03 | 816.68 | 712.33 | 607.98 | 503.63 | 399.28 | 294.93 |
| 4 | 运营补贴 | 38 890.37 | 4 690.22 | 4 512.18 | 4 334.14 | 4 156.10 | 3 978.06 | 3 800.02 | 3 621.98 | 3 443.94 | 3 265.90 | 3 087.86 |

## 5.4 PSC 值的组成及计算

通过上文的分析可知 PSC 有四项组成项,即初始 PSC、竞争性中立、转移风险和保留风险,下面从初始 PSC、竞争性中立和风险的量化三方面逐一展开分析。

### 5.4.1 初始 PSC

初始 PSC 是政府在传统采购模式下参照项目或模拟项目的基本成本,考虑到 PPP 项目的基本成本包含建设期和运营期两阶段(存量项目除外),即初始 PSC 为建设期成本现值与运营期成本现值之和减去建设期收入现值与运营期收入现值之和,表述如下:

$$初始 PSC = NPV_{建设成本} + NPV_{运营成本} - (NPV_{建设期收入} + NPV_{运营期收入})$$
(5-14)

下面根据 VFM 评价的阶段划分将初始 PSC 分解为识别阶段和准备阶段分别讨论,并在每个阶段下将 PSC 的组成划分为建设期和运营期进一步分析。

**1) 识别阶段初始 PSC**

(1) 建设期成本及收入

在识别阶段,VFM 评价的编制依据是批复的项目建议书、可行性研究报告、项目 PPP 初步实施方案等文件,这些资料都是采用估算得来的,可以从中获得项目的建筑安装工程费、设备及工器具购置费、工程建设其他费用、预备费这四项建设投资的信息,表述如下:

$$建设投资 = 建筑安装工程费 + 设备及工器具购置费 + 工程建设其他费用 + 预备费$$

建设投资是资本金的计算基数,根据初步实施方案中资本金的安排可以推断出资本金的金额,进而推算出债务资金的金额,通过选取合理的融资利率即可获得每年的融资金额。建设期成本现值为建设投资的现值与融资成本现值之和。

新建项目建设期一般不存在收入项,故式(5-14)中$\text{NPV}_{\text{建设期收入}}$为零。

(2) 运营期成本及收入

项目运营期的成本主要包括原材料费、燃料及动力费、人员工资及福利、维修费等与项目直接相关的支出,还包括行政主管部门为推动项目的顺利运行产生的管理费用,以及项目运营期间产生的财务费用。运营期成本现值为以上所有项目的现值之和。

**2) 准备阶段初始 PSC**

进入准备阶段,由于项目基本确定,已开展了深化设计,现阶段的信息更加齐全,为了提高计算的准确性,该阶段初始 PSC 一般采用直接成本加间接成本再扣减第三方收入得到,同样也是分为建设期和运营期进行分析。

(1) 建设期成本或收入

建设期直接成本包括项目设计成本、土地转让和开发、项目建设安装费、设备采购成本等;间接成本包括厂房和设备的部分投入费用、新建行政管理建筑的部分使用费用等;此外还包括建设期利息等融资成本。

建设期没有收入项。

(2) 运营期成本或收入

运营期成本同第一阶段划分相同,故不再赘述。

根据以上分析,将构成拟采用 PPP 模式的项目初始 PSC 值计算指标整理如表 5-6 所示,实际计算时可根据所处阶段和信息的详细程度选择相应的计算指标,然后通过公式(5-15)计算初始 PSC 的现值如下:

$$\text{NPV}_{\text{初始PSC}} = \sum_{j=1}^{n_1} (C_{bj} - B_{bj}) \cdot (1+i)^{-j} + \sum_{j=n_1+1}^{n_2} (C_{oj} - B_{oj}) \cdot (1+i)^{-j}$$

(5-15)

其中:$\text{NPV}_{\text{初始PSC}}$——初始 PSC 现值;

$C_{bj}$—— 第 $j$ 年建设成本；

$B_{bj}$—— 第 $j$ 年资本性收益；

$C_{oj}$—— 第 $j$ 年运营维护成本；

$B_{oj}$—— 第 $j$ 年营业收入；

$i$—— 折现率；

$n_1$—— 建设期；

$n_2$—— 运营期。

表 5-6 拟采用 PPP 模式的项目初始 PSC 计算指标

| 类别 | 一级 | 二级 |
|---|---|---|
| 建设期成本 | 工程费用 | 主体工程费 |
| | | 公用工程费 |
| | | 总图运输工程费 |
| | | 服务性工程费 |
| | 设备购置及安装费用 | 设备购置费用 |
| | | 安装工程费用 |
| | 工程建设其他费用 | 土地费用 |
| | | 场地平整费用 |
| | | 建设单位管理费 |
| | | 建设工程监理费 |
| | | 前期工作咨询费 |
| | | 节能评估费 |
| | | 勘察费 |
| | | 工程建设费 |
| | | 招标服务费 |
| | | 环评费 |
| | | 工程造价咨询费 |
| | | 施工图审查费 |

(续表)

| 类别 | 一级 | 二级 |
|---|---|---|
| 建设期成本 | 预备费 | 基本预备费 |
|  |  | 差价预备费 |
|  | 融资成本 | — |
| 运营期成本 | 运营成本 | 原材料费 |
|  |  | 燃料动力费 |
|  |  | 运营人员工资及福利 |
|  | 管理费用 | 管理人员工资及福利 |
|  |  | 行政管理费用 |
|  |  | 物业管理费 |
|  | 维护成本 | — |
|  | 财务费用 | — |
|  | 更新改造成本 | — |
| 第三方收入 | 营业收入 | — |

### 5.4.2 竞争性中立

竞争性中立在OECD报告《竞争中立：确保国有企业和私营企业的公平竞技场》中被定义为"经济市场中的经营实体没有获得不当的竞争优势或劣势的状态"[98]。在PPP模式下包括由政府所有权造成的政府竞争优势与政府监管力度大造成的竞争劣势两项调整项，在量化PSC时，加上政府部门的竞争优势、剔除政府部门的竞争劣势，才能更好地反映政府部门模拟采用传统采购模式下的真实成本。具体来说，政府部门的竞争优势主要表现在税收费用、管理费用与土地使用费的免除上；政府部门的竞争劣势主要表现在更强的公共监督以及要求更严格的报告上，因此可以从税收的调整、土地使用费、管理费用的调整和责任成本的调整四部分分别进行分析。

1) 税收的调整

我国 PPP 模式发展时间尚短,目前还未形成针对 PPP 模式税务的统一文件。下面以污水处理项目为例,从相关税收政策文件提取整理见表 5-7 所示,目前我国污水处理 PPP 项目应缴纳的税种主要集中在企业所得税、印花税、增值税、城市建设维护税及教育费附加。其中,印花税应计入竞争性中立调整;其他如企业所得税、增值税、城市维护建设税、教育费附加等在 PPP 模式下与在传统采购模式下收取方式一样,故不计入竞争性中立调整。

表 5-7 我国污水处理项目应缴税种

| 税种名称 | 规定文件 | 规定内容 | 是否应计入 | 调整说明 |
|---|---|---|---|---|
| 印花税 | 《中华人民共和国印花税暂行条例》 | 1.建设工程勘察设计合同按收取费用万分之五贴花;<br>2.建筑、安装工程承包合同按承包金额万分之三贴花 | 是 | 传统政府采购模式下,不需要签订特许经营协议,而 PPP 模式下签订的特许经营协议属于产权合同的范畴,应计入竞争性中立调整 |
| 企业所得税 | 《中华人民共和国企业所得税法》 | 1.企业所得税的税率为 25%;<br>2.企业每一纳税年度的应纳税所得额为收入总额减除不征税收入、免税收入、各项扣除以及允许弥补的以前年度亏损以后的余额 | 否 | 在分税制税收政策下,传统模式中基础设施建设由城投公司代替政府行使建设职能,而城投公司是独立的法人企业,在税收上与私营部门相同,故不应计入竞争性中立调整 |
| 营业税 | 《中华人民共和国营业税暂行条例》《国家税务局关于污水处理费不征收营业税的批复》 | 单位和个人提供的污水处理劳务不属于营业税应税劳务,其处理污水取得的污水处理费,不征收营业税 | 否 | |
| 增值税 | 《关于全面推开营业税改征增值税试点的通知》 | 纳税人发生应税行为,除特别规定的项目外,税率为 6% | 否 | |

(续表)

| 税种名称 | 规定文件 | 规定内容 | 是否应计入 | 调整说明 |
|---|---|---|---|---|
| 城市维护建设税 | 《中华人民共和国城市维护建设税暂行条例》 | 1.纳税人所在地在市区,税率为7%；<br>2.纳税人所在地在县城、镇的,税率为5%；<br>3.纳税人所在地不在市区、县城或镇的,税率为1% | 否 | 分税制税收政策下,传统模式中基础设施建设由城投公司代替政府行使建设职能,而城投公司是独立的法人企业,在税收上与私营部门相同,故不应计入竞争性中立调整 |
| 教育费附加 | 《中华人民共和国征收教育费附加的暂行规定》 | 教育费附加,以各单位和个人实际缴纳的增值税、营业税、消费税的税额为计征依据,教育费附加率为3%,分别与增值税、营业税、消费税同时缴纳 | 否 | |

近年来,PPP模式被决策层定义为有效提供产品和服务、有效缓解财政负担的新型治理结构,在推出后得到了广泛的支持和快速的发展,为了吸引更多的社会资本参与到PPP项目中,中央政府和地方政府推出了一系列税收优惠政策,见表5-8所示。

表5-8 污水处理PPP项目税收优惠

| 税收优惠 | 规定文件 | 规定内容 |
|---|---|---|
| 所得税优惠 | 《国家税务总局关于实施国家重点扶持的公共基础设施项目企业所得税优惠问题的通知》《财政部 国家税务总局 国家发展改革委关于公布公共基础设施项目企业所得税优惠目录(2008年版)的通知》 | 1.污水处理厂的企业所得税的计税税率为25%,企业从事符合条件的环境保护、节能节水项目,包括公共污水处理项目等,自项目取得第一笔生产经营收入所属纳税年度起,第一年至第三年免征企业所得税,第四年至第六年减半征收企业所得税；<br>2.项目公司在境内居民企业间分配股利,免征所得税；项目公司跨境分配股息给境外非居民企业,适用10%预提所得税 |
| 增值税优惠 | 《财政部 国家税务总局关于印发资源综合利用产品和劳务增值税优惠目录的通知》 | 对提供污水处理劳务实行增值税即征即退70%的政策 |

(续表)

| 税收优惠 | 规定文件 | 规定内容 |
|---|---|---|
| 投资抵免优惠 | 《关于执行环境保护专用设备企业所得税优惠目录、节能节水专用设备企业所得税优惠目录和安全生产专用设备企业所得税优惠目录有关问题的通知》 | 企业购置用于环境保护、节能节水、安全生产等专用设备的投资额,可以按10%的比例,从企业当年的应纳税额中抵免;当年不足抵免的,可以在以后5个纳税年度结转抵免;企业利用自筹资金和银行贷款购置专用设备的投资额,可以按企业所得税法的规定,抵免企业应纳所得税额;企业利用财政拨款购置专用设备的投资额,不得抵免企业应纳所得税额 |

污水处理PPP项目在决策时既要考虑到应缴税种,也要充分发挥PPP项目的优势获取税收优惠,并在竞争性中立中体现出来。

**2) 土地使用费**

根据《国务院办公厅转发财政部、发展改革委、人民银行关于在公共服务领域推广政府和社会资本合作模式指导意见的通知》,PPP项目获取土地的方式有三种方式,即土地出让、土地租赁与土地划拨。其中土地出让与土地租赁是有偿获取土地的方式,在污水处理PPP项目的VFM定性评价过程中需要将其计入竞争性中立调整项;土地划拨属于无偿获取土地的方式,在VFM定量评价过程中无须计入竞争性中立调整项。在实际操作中,要根据获取土地是否支付土地使用费用来判断特定项目的竞争性中立调整项中是否包含土地使用费。

**3) 管理费用的调整**

项目管理费用是组织项目和运营项目所发生的各类费用,在传统采购模式下,项目通常由政府设立的城市建设投资公司来建设,再通过招标或委托代理等方式提供运营服务的,故政府的管理费用已包含在初始PSC中;在PPP模式下,项目是通过政府选定社会资本方,由社会资本方负责项目的建设、运营和移交,其政府的管理费用也包含在PPP模式中,相对于税费的优势,政府管理费用的差异可忽略不计,本文计算时不再讨论。

**4) 责任成本的调整**

责任成本主要是由面对公众的监督、提供严谨完善的报告所造成的,在这些方面政府方的责任压力比社会资本方的要大,但是相对于政府方的竞争优势可忽略不计,下文计算分析时不予考虑。

通过上文分析,竞争性中立的主要组成部分为税收,根据国家政策要求,并结合 PPP 项目有关的税收优惠政策,可通过公式(5-16)计算竞争性中立的现值如下:

$$\mathrm{NPV}_{\text{竞争性中立}} = \sum_{s=1}^{a} \sum_{j=1}^{n} V_{sj} \cdot (1+i)^{-j} + C_t \quad (5\text{-}16)$$

其中:$\mathrm{NPV}_{\text{竞争性中立}}$——竞争性中立调整现值;

$V_{sj}$——第 $j$ 年第 $s$ 种税收支出;

$i$——折现率;

$a$——计入竞争性中立的所缴纳 $a$ 项税种;

$n$——项目总周期;

$C_t$——土地使用费。

### 5.4.3 风险的调整

拟采用 PPP 模式的基础设施项目基本属于公共项目,其 PSC 值是计算分析传统采购模式下建设运营相似或模拟项目成本的现值而得出的参照基准值,在传统采购模式下,政府承担这类项目从建设到运营期间的全部风险;而在 PPP 模式下,政府可以将一部分风险转移给社会资本方,这部分风险顾名思义称为转移风险,仍然需要政府部门承担的风险则称为保留风险。综上可知,需要对这类基础设施项目的风险进行量化和分配与分担,由于 PSC 值包含了全部风险,下文将从风险识别、风险量化两个方面进行分析。

**1) 项目风险识别**

风险识别是风险量化的开端,其目的是将项目面临的风险进行系统的梳理和归类,为后续风险的量化和分配做好准备,常用的方法有头脑风暴法、法规梳理法、案例分析法、德尔菲法、核对表法、故障树分析法、流程图法和风险结构分解法等。本文通过大量的文献分析,采用风险结构分解法,以污水处理项目为例,将抽取出的41个风险因素归结为项目前期阶段风险、项目建设阶段风险、项目运营阶段风险、项目实施周期风险和其他风险,见表5-9所示。

表5-9 污水处理PPP项目风险因素清单

| 阶段 | 序号 | 风险因素 | 风险描述 |
|---|---|---|---|
| 前期阶段风险 | R1 | 项目立项风险 | 项目建议书、可行性研究报告未通过审批,项目立项失败 |
| | R2 | 项目审批延误风险 | 项目审批程序复杂,审批时间长,批准后难以更改 |
| | R3 | 勘察设计缺陷风险 | 勘察报告不正确,存在结构设计不合理、违反标准规范等问题,给工程项目造成隐患 |
| | R4 | 项目招投标风险 | 出现有效投标不足三个的情况,导致项目不能继续进行 |
| | R5 | 项目谈判风险 | 项目谈判失败或谈判内容不全面给项目带来的风险 |
| | R6 | 项目规划风险 | 项目规划是通过对实现既定目标遇到的问题的预测,提出解决问题的有效方案的过程,若是规划不当会对项目产生颠覆性的影响 |
| | R7 | 土地征用风险 | 项目获取土地使用权困难或约定的土地不能完成转让 |
| | R8 | 项目融资风险 | 融资渠道单一、融资能力差等问题导致后续资金投入不足,阻碍项目的发展 |
| 建设阶段风险 | R9 | 不良地质条件 | 由于项目选址的自然条件恶劣给项目造成的风险 |
| | R10 | 材料供应商选择风险 | 选择的供应商不能履约给项目带来的风险 |
| | R11 | 监理选择风险 | 监理不能按合同约定履行职责给项目带来的风险 |
| | R12 | 项目成本超支风险 | |
| | R13 | 分包商的选择风险 | 分包商不能按合同约定履行职责给项目带来的风险 |
| | R14 | 完工风险 | |
| | R15 | 施工技术风险 | 项目使用的技术不够成熟稳定,不满足使用需求 |
| | R16 | 施工安全事故风险 | |
| | R17 | 工程质量风险 | |
| | R18 | 设备供应商选择风险 | 设备供应商不能按合同约定履行职责给项目带来的风险 |
| | R19 | 组织协调风险 | 社会资本方的协调能力不足,导致项目参与各方沟通困难,以至于项目陷入僵局 |

(续表)

| 阶段 | 序号 | 风险因素 | 风险描述 |
|---|---|---|---|
| 运营阶段风险 | R20 | 外汇风险 | 外汇汇率变动及外汇能否兑换引起的风险 |
| | R21 | 进水水质风险 | 进水水质比合同约定的水质差,运营成本增加 |
| | R22 | 进水量风险 | 进水量少,则污水处理费少;进水量超过污水处理厂的处理能力,则需超负荷运转,运营成本增加 |
| | R23 | 配套管网完善风险 | 配套管网不完善,污水难以进入污水处理厂,后续运营困难 |
| | R24 | 运营能力欠缺风险 | 社会资本方运营效力低下导致项目后续运营困难 |
| | R25 | 环境标准变化风险 | 由于环保的要求提高,导致项目环保成本提高 |
| | R26 | 能源供应和价格变化风险 | 能源供应价格上升,运营成本增加 |
| | R27 | 原材料价格变化风险 | 药剂等原材料价格上涨,造成运营成本增加 |
| | R28 | 收费困难风险 | 污水处理费难以收齐,政府支付压力大 |
| | R29 | 员工工资风险 | 员工工资上涨,导致项目成本增加 |
| | R30 | 竞争性风险 | 附近新建类似项目,与污水处理PPP项目形成商业竞争关系 |
| 实施周期风险 | R31 | 合同风险 | 合同文本体系不健全或相互冲突 |
| | R32 | 不可抗力风险 | 公私双方都无法控制,且事前及事中都无法防范的风险 |
| | R33 | 政策稳定性风险 | 现在PPP立法层级较低、效力较差,法律法规及政策的变化可能导致合同无效或导致项目成本增加、收益降低等风险 |
| | R34 | 社会环境风险 | 由污水处理项目的实施引起的社会动荡和环境污染等问题 |
| | R35 | 通货膨胀风险 | 货币购买力下降引起的项目成本增加等风险 |
| | R36 | 利率风险 | 利率变动给污水处理PPP项目带来的风险 |
| | R37 | 政府干预风险 | 政府对项目建设和运营进行干预,降低社会资本方自主运营决策权 |
| | R38 | 第三方侵权风险 | 其他项目参与方违约或侵权导致项目延误 |
| | R39 | 政府人员腐败 | 政府工作人员存在腐败行为,加大了政府方的违约风险 |
| | R40 | 公众反对风险 | 公众在认为自己的利益受损的情况下反对项目的建设和运营 |
| | R41 | 政府信用 | 政府拒绝按照合同约定履行政府职责或不完全按照合同约定履行自身职责 |

**2）风险价值的计算**

风险量化方法包括诸如蒙特卡洛模拟法的高级风险定量分析法和诸如敏感性分析、决策树法和集值统计法的简单风险定量分析法。高级的风险定量分析需要大量的数据支撑，这是一个长期积累的过程，目前我国还处于推广 VFM 评价的初级阶段，尚未建立风险定量分析的数据库，难以进行科学准确的高级风险定量分析，故采用简单的风险定量分析更为合理，也更有利于推广和实施。

财政部根据我国国情在 2016 年发布的《政府和社会资本合作物有所值评价指引（修订版征求意见稿）》中给出了三种方法，即情景分析法、比例法和概率法（见表 5-10），这三种方法都属于简单风险定量分析。

根据风险定价模型的基本原理，风险价值为风险发生概率与风险造成后果的乘积。在实际操作中，一项特定的风险会造成多种风险后果，而每种风险后果发生的概率又各不相同，故该风险价值为所有后果的加权平均值，计算公式表示如下：

$$V_r = \sum_{q=1}^{u} S_{rq} \cdot P_{rq} \quad (5-17)$$

其中：$V_r$——第 $r$ 项风险的价值；

$S_{rq}$——第 $r$ 项风险第 $q$ 种风险后果损失值；

$P_{rq}$——第 $r$ 项风险第 $q$ 种风险后果发生的概率；

$q$——第 $r$ 项风险对应的第 $q$ 种情景；

$u$——第 $r$ 项风险共产生 $u$ 个风险后果。

可以看出财政部给出的情景分析法与风险定价模型的基本原理最为吻合，故本文选择情景分析法作为 PPP 项目风险定量分析的方法。结合实际情况，在一具体特定项目中，一项风险造成的风险后果一般不会呈离散的点状存在，往往呈现出一个连续的函数，故本文将风险后果进行了不等距分组，划分为 $u$ 组，即存在 $u$ 种不同的情景，下面从风险后果和风险概率两个方面进行分析。

表 5-10 财政部三种风险分析法比较

| 名称 | 评价背景 | 评价方法 | 计算公式 | 变量解释 |
|---|---|---|---|---|
| 情景分析法 | 风险的量化后果值可以测算，风险发生的概率难以确定 | 针对影响风险的各类事件和变量进行基本、不利、最坏等情景假设，估算全生命周期内每年各项主要风险承担成本，加总得到当年全部风险承担成本 | $\mathrm{NPV}_V = \sum_{r=1}^{n}\sum_{j=1}^{m} V_{rj} \cdot (1+i)^{-j}$<br>其中：<br>$V_{rj} = \sum_{a=1}^{3} S_{rja} \cdot P_{rja}$ | $\mathrm{NPV}_V$——风险净现值；<br>$V_{rj}$——第 $r$ 项风险第 $j$ 年的风险价值；<br>$S_{rja}$——第 $r$ 项风险第 $j$ 年第 $a$ 中情景下的后果损失值；<br>$P_{rja}$——第 $r$ 项风险第 $j$ 年第 $a$ 中情景下风险后果发生的概率；<br>$r$——第 $r$ 项风险；<br>$n$——共 $n$ 项风险；<br>$j$——第 $j$ 年；<br>$m$——共 $m$ 年；<br>$i$——折现率；<br>$a$——$a$ 种情景 |
| 比例法 | 各项主要风险发生的概率及其量化后果值均难以测算 | 按照 PPP 项目预计的每年建设运营成本的一定比例确定当该项风险承担成本，加总得到当年全部风险承担成本 | $\mathrm{NPV}_V = \sum_{j=1}^{m} V_j \cdot (1+i)^{-j}$<br>其中：<br>$V_j = (C_{bj} + C_{oj}) \cdot P_j$ | $\mathrm{NPV}_V$——风险净现值；<br>$V_j$——第 $j$ 年的风险价值；<br>$C_{bj}$——第 $j$ 年的建设成本；<br>$C_{oj}$——第 $j$ 年的运营成本；<br>$P_j$——风险价值占建设运营成本的比例；<br>$j$——第 $j$ 年；<br>$m$——共 $m$ 年；<br>$i$——折现率 |
| 概率法 | 各项风险后果值及其发生概率均可进行测算 | 将所有可变风险参数作为变量，根据概率分布函数，计算各项风险承担成本 | $\mathrm{NPV}_V = \sum_{r=1}^{n}\sum_{j=1}^{m} V_{rj} \cdot (1+i)^{-j}$<br>其中：<br>$V_{rj} = S_{rj} \cdot P_{rj}$ | $\mathrm{NPV}_V$——风险净现值；<br>$V_{rj}$——第 $r$ 项风险第 $j$ 年的风险价值；<br>$S_{rj}$——第 $r$ 项风险第 $j$ 年的后果损失值；<br>$P_{rj}$——第 $r$ 项风险第 $j$ 年风险后果发生的概率；<br>$r$——第 $r$ 项风险；<br>$n$——共 $n$ 项风险；<br>$j$——第 $j$ 年；<br>$m$——共 $m$ 年；<br>$i$——折现率 |

(1) 污水处理 PPP 项目风险后果的量化

风险的分类方式多种多样,按照风险造成的后果可分为纯风险与投机风险;按照风险分析依据可分为主观风险与客观风险;按照风险产生的原因可分为政治风险、社会风险、经济风险、自然风险、技术风险等。为了方便风险后果的量化,本文从成本的视角将风险后果分为直接风险后果与间接风险后果,其中直接风险后果是指风险出现后直接造成的结果,可以用货币直接或间接估价测算;间接后果是指风险出现后间接造成的后果,不能用货币进行估价测算,在此情况下需要进行技术转换,经转换之后,风险后果都可以以货币的形式加以测算。

在情景分析法下,对影响项目的各类事物进行了不同情景的假设,每一种风险的后果被分为 $u$ 种情景,从而形成了风险的 $u$ 种后果,取组中值作为每种情景下的风险后果估计值以实现风险后果的量化。

(2) 项目风险概率的估计

风险概率的估计可采用主观概率估计法或客观概率估计法,其中,主观概率估计法对专家或决策者的知识水平及实践经验要求较高,但操作简单易行;客观概率估计法需要以大量的试验或模拟为依据来进行估计和测算,准确性较高但需要以大量数据作为支撑。我国污水处理项目风险管理起步较晚,数据库尚未建立,在没有准确数据支撑的情况下单纯采用客观概率估计不仅不能提高概率估计的精确度,而且可能会起反作用。故本文采用集主观概率估计法和客观概率估计法优点于一身的集值统计法进行污水处理 PPP 项目风险概率的估计。

集值统计法是在经典统计理论和模糊统计理论基础上的创新,与经典概率统计最大的不同是,经典概率统计的数据是一个准确的点,而集值统计法得到的是一个区间估计值[99]。集值统计法为风险等存在随机性与模糊性指标的估计提供了一种新的定量化工具,具体操作步骤如下：

① 单向风险估计值的统计处理

假设有 $W$ 位专家参与估计某项特定风险发生的概率，规定第 $k$ 位专家的区间估计值为 $[P_1^k, P_2^k]$，则该项风险概率估计值的集值统计序列为 $[P_1^1, P_2^1], [P_1^2, P_2^2], \cdots, [P_1^W, P_2^W]$。

将集值统计序列中 $W$ 个区间估计值叠加就会得到覆盖在概率评价数轴上的分布，可用公式(5-18)表示。落影分布图见图 5-2 所示。落影表示某个随机区间罩住某个固定点的频率统计，实际值统计中表示概率的量，见公式(5-19)所示。

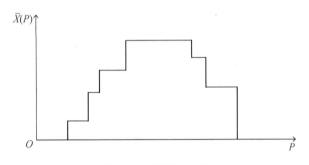

图 5-2　落影分布图

$$\overline{X}(P) = \frac{1}{W} \sum_{k=1}^{W} X_{[P_1^k, P_2^k]}(P) \tag{5-18}$$

$$X_{[P_1^k, P_2^k]}(P) = \begin{cases} 1, & P_1^k \leqslant P \leqslant P_2^k \\ 0, & \text{其他} \end{cases} \tag{5-19}$$

其中：$\overline{X}(P)$——模糊覆盖频率；

$X_{[P_1^k, P_2^k]}(P)$——$P$ 值的落影函数。

假设某项风险后果发生概率的最小值为 $P_{\min}$，最大值为 $P_{\max}$，则该项风险后果发生的概率估计区间为 $[P_{\min}, P_{\max}]$，那么该风险发生概率综合估计值为：

$$\overline{P} = \frac{\int_{\min}^{\max} P\,\overline{X}(P)\,\mathrm{d}P}{\int_{\min}^{\max} \overline{X}(P)\,\mathrm{d}P} \tag{5-20}$$

由公式(5-18)、公式(5-20)可得：

$$\int_{\min}^{\max} \overline{X}(P)\,\mathrm{d}P = \frac{1}{W}\sum_{k=1}^{W}(P_2^k - P_1^k) \tag{5-21}$$

$$\int_{\min}^{\max} \overline{X}(P)\,\mathrm{d}P = \frac{1}{2W}\sum_{k=1}^{W}\left[(P_2^k)^2 - (P_1^k)^2\right] \tag{5-22}$$

通过公式(5-18)、公式(5-20)、公式(5-21)可以得到：

$$\overline{P} = \frac{\dfrac{1}{2}\sum_{k=1}^{W}\left[(P_2^k)^2 - (P_1^k)^2\right]}{\sum_{k=1}^{W}(P_2^k - P_1^k)} \tag{5-23}$$

上式有一特殊情况，即当 $P_1^k = P_2^k = \cdots = C$（常数）时，风险后果发生的概率估计值为 $\overline{P} = C$。

② 可信性评价

可信性评价是对专家或学者提供的估计值的可信性进行评价，根据统计学的基本原理，若各专家或学者给出的估计值在数轴上的分布比较集中，则表示各专家或学者对该风险后果发生概率的估计比较统一，可信性较高；反之，若各专家或学者给出的估计值区间在数轴上分布比较分散，则表示专家或学者对该风险后果发生概率的意见不统一，可信性较低，若是出现这种情况则需请各位专家进行重新分析和估计。

专家或学者给出估值区间的可信度一般用某一风险后果发生概率的估值区间叠加后所形成的频率覆盖的落影离散程度 $g$ 作为评价指标，公式如下：

$$g = \frac{\int_{P_{\min}}^{P_{\max}}(P - \overline{P})^2\,\overline{X}(P)\,\mathrm{d}P}{\int_{\min}^{\max}\overline{X}(P)\,\mathrm{d}P} \tag{5-24}$$

由公式(5-22)、公式(5-23)、公式(5-24)可得：

$$g = \frac{\frac{1}{3}\sum_{k=1}^{W}[(P_2^k - \overline{P})^3 - (P_1^k - \overline{P})^3]}{\sum_{k=1}^{W}(P_2^k - P_1^k)} \quad (5-25)$$

离散度 $g$ 数值越小，表明各专家或学者提供的估值区间的离散度越低，说明综合估计值的可信度越高；反之则说明综合估计值可信度越低，得到的结果与实际偏离越大。通过对专家估计值的离散度的检验，能够减少风险量化过程中的随机误差，使得估计量化更合理。

③ 归一化处理

由于各专家给出概率区间存在一定的差异，需要对各情景下风险后果发生的概率进行归一化处理，根据前文 4.3 的分析，此处的归一化处理也是将数值转换为 (0,1) 之间的小数或百分数。

通过上文分析，可以得出不同情景下的风险后果及每种风险后果对应的概率，如图 5-3 所示，再计算平均数即可得到风险的价值。

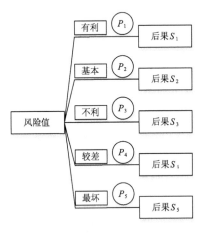

图 5-3　风险估计树状图

## 5.5　PPP 值的组成与计算

### 5.5.1　PPP 值的组成

根据前文的分析可知，项目识别阶段与准备阶段都处于项目前期阶段,PPP值的组成项相同,所得结果不同在于获取资料的翔实程度、准确程度和参数的合理选取,故本文PPP值的组成不区分识别阶段与准备阶段。

项目的PPP值是政府采用PPP模式下提供公共服务所产生的成本支出的净现值,主要由政府建设运营支出,即测算影子报价、政府投资支出和政府保留风险三部分组成,见公式(5-26),下面从这三部分进行分析。

$$PPP = CP + ZT + NPV_{re} \quad (5-26)$$

其中:PPP——PPP值;

CP——测算的影子报价;

ZT——政府投资部分成本;

$NPV_{re}$——政府保留风险价值。

### 5.5.2 PPP值的计算

下文逐一对影子报价、政府部分支出和政府保留风险进行分析,计算项目PPP值。

**1)测算的影子报价**

测算的影子报价为政府部门支付给社会资本方的成本现值,包括社会资本建设、运营、移交过程中发生的所有成本及合理的回报,同时应当剔除项目的第三方收益及其他来源的收益。根据财政部指引,PPP项目的付费机制有政府付费、可行性缺口补助和使用者付费三种,若是项目的收益能够覆盖项目产生的成本,则政府部门无须支付PPP项目的合同价款。一般来说基础设施项目的收益较难足以覆盖成本,测算的合同价格政府支付占有重要组成部分。

**2)政府投资部分支出**

政府投资支出主要有实物形式与货币形式两种支出方式,实物形式是指政府部门直接负责某部分工程的投资建设或提供某些设备设施;货币形式是指政府部门直接提供建设资金,主要表现为股权支出。

**3) 政府保留风险**

PPP项目的风险的识别与分配是区别于传统采购模式的一个突出特点。一般来说,在一定范围内,随着转移给社会资本的风险的增加项目效率不断提升,同时项目成本呈递减趋势,过了一定范围,随着分配给社会资本的风险的增加项目效率不断降低,且项目成本不断增加,临界点为最佳风险分配点,见图5-4所示。最优的风险分配能够发挥双方的优势,有效控制风险,提高项目效率,有效降低项目成本。

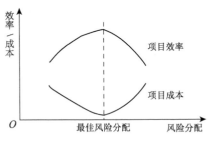

图5-4 风险分配对项目的影响简图

为了实现PPP项目风险的最佳分配,其分配与分担要遵循一定的原则,总结如下:

① 风险与收益对等原则,即承担的风险程度与所得回报相匹配;

② 由对风险最有控制力的一方承担相应的风险,即政府方承担政治风险、法律变更风险、国有化风险等,社会资本方承担项目成本超支风险、完工风险等;

③ 风险承担有上限,不能让一方承担无限大的风险。

通过梳理前人关于PPP项目风险分担的文献可知,风险分担主要有数学模型法、案例分析法、文献统计分析法和问卷调查法,如表5-11所示。

表5-11 PPP项目风险分担方法

| 方法 | 概述 | 优点 | 缺点 |
| --- | --- | --- | --- |
| 数学模型法 | 运用博弈论或模糊数学等方法,通过大量的数据分析得出风险分担的比例 | 可以较为准确地量化分担结果,可信度较高 | 给出了方法,但实际操作中缺乏数据支撑,运用困难 |

(续表)

| 方法 | 概述 | 优点 | 缺点 |
|------|------|------|------|
| 案例分析法 | 结合具体案例进行风险分担分析 | 分担方案具体且其合理性可验证 | 针对某一特定项目,过于局限,不具备普遍适用性 |
| 文献统计分析法 | 对某一领域大量文献进行梳理统计,得到关于风险分担普遍认同的结论 | 综合大量文献的观点,得出的结论具有普遍适用性 | 通常采用多数人的观点而忽略了少数人的意见,可能存在偏差导致分担方案不够完善,且没有给出风险的分担比例 |
| 问卷调查法 | 将问卷发放给该领域内权威的专家或学者,依靠专家或学者的专业知识、工作经验和调查研究对问题做出判断 | 综合权威专家的意见,得出的分担方案可信度较高 | 受专家知识、经验和获得资料的限制,可能出现主观偏差或遗漏 |

在我国 VFM 评价刚起步的情况下,采用数学模型法、案例分析法与文献统计分析法难以获取准确的数据,操作难度大;本文采用问卷调查专家打分法进行政企双方风险的分担。该法考虑到了专家对风险分担的定性分析,也用简单可行的定量方法对专家的意见进行定量分析,符合我国当前 VFM 评价发展的实际情况,具体步骤如下:

① 设计好问卷调查专家打分的方法,如图 5-5 所示。定义打分方式:风险全部由政府承担,打 1 分;风险主要由政府承担,打 2 分;风险由政府和社会资本均摊,打 3 分;风险主要由社会资本承担,打 4 分;风险全部由社会资本承担,打 5 分。结合上文识别的风险因素,制作调查问卷发放给若干专家或学者。

图 5-5　PPP 项目风险分担分值设置

② 回收问卷,取各专家或学者打分的平均值作为各项风险因素风险分担的分值。

③ 计算 PPP 项目分担比例,采用线性内插法计算分担比例。

线性内插法是根据一组已知的未知函数自变量的值和它对应的函数值,利用等比关系求解其他值的计算方法,假设已知的一组变量为 $A(X_1, Y_1)$、$B(X_2, Y_2)$、打分 $C$ 为已知数,则政府方承担的比例 $L$ 满足公式(5-27):

$$\frac{C-X_1}{X_2-X_1} = \frac{L-Y_1}{Y_2-Y_1} \tag{5-27}$$

经整理得:

$$L = (C - X_1) \cdot \frac{Y_2 - Y_1}{X_2 - X_1} + Y_1 \tag{5-28}$$

得出每一项风险各方的分担情况后,汇总即可得到政府方承担的风险值,即保留风险值,和社会资本方承担的风险值,即转移风险值。

### 5.5.3 两阶段 PPP 值差异分析

因方案设计深度以及与社会资本方的接触程度的差异,项目识别阶段与准备阶段的 PPP 值存在着差异,主要表现在政府投资部分支出、政府保留风险和测算的影子报价。

**1) 政府投资部分支出**

项目识别阶段与准备阶段的政府投资部分支出都是按照实施方案中规定的比例计算的,其区别在于在准备阶段通过实施方案的优化与完善及与社会资本方的接触,实施方案中的政府投资比例可能发生变动,导致识别阶段与准备阶段政府投资部分支出出现变动。

**2) 政府保留风险**

识别阶段与准备阶段由于获取项目的资料不相同,对项目的认识程度有差异。一般来说,准备阶段获取的资料更加完整,对风险的识别、量化与分配更为精确。

**3) 测算的影子报价**

识别阶段测算的影子报价是政府部门根据行业平均水平预估的社会资本方完成项目的总成本与预估的社会资本方预期的合理的收益的和;准备阶段测算的影子报价是实施机构委托的咨询机构在充分接触社会资本方后,根据社会资本方的预期与偏好测算的项目总成本与预期收益的和。两者的差异主要体现在以下几个方面:

(1) 预测融资优势

污水处理 PPP 项目资金需求量大,自有资金不能完全满足要求,大部分资金需要通过获取债务资金来实现。在计算融资成本的过程中,识别阶段政府方预测的社会资本方的融资利率保守,融资成本较高;准备阶段,政府方根据污水处理 PPP 项目的竞争程度,预估社会资本方能够获取较低利率的债务融资资金的可能性,据此调整 PPP 值。

(2) 预测社会资本方给予的优惠

社会资本方的收益率是政企双方都非常关注的问题,社会资本方收益率过高会导致政府无力承担,且不能实现项目的物有所值;收益率过低又会降低社会资本方参与的积极性,导致 PPP 项目无法顺利推进。在实际操作过程中,识别阶段为了保持对社会资本参与竞争的吸引力,政府方一般取行业平均收益水平作为合理的收益率;准备阶段,政府方通过与社会资本方的接触,判断其对收益率的偏好,在此基础上调整 PPP 值。一般来说,社会资本方为了通过项目获取利益或提高名誉的吸引力,会在识别阶段政府提出的合理收益率的基础上给予一定的优惠,也会使得$PPP_2$值低于$PPP_1$值。

(3) 政府的支付方式

政府的支付方式对于政府未来支出现金流的影响很大。通过前文的分析可知,在社会资本方收益率相同的情况下,财政部指引法未来的现金支出的总额最高,且每年的支付压力逐渐上升;等额本息视角下的支付方式其次,每年的支付压力持平;等额本金视角下的支付方式最少,每年的支付压力逐年减小。识别阶段,没有和社会资本沟通的过程,支付方式为政府方的预测;准备阶段,在通过与社会资本方的沟通,可以获得社会资本方对支付方式的偏好,能给出确定的支付方案,对 PPP 值的预测更加准确,见表 5-12 所示。

表 5-12 PPP 项目风险分担方法

| 项目 | 识别阶段 PPP 值 | 准备阶段 PPP 值 |
| --- | --- | --- |
| 政府投资部分支出 | 按实施方案中规定的比例计算 | 按实施方案中规定的比例计算,接触社会资本,比例或发生变动 |
| 政府保留风险 | 资料尚不齐全,对风险的识别、量化与分配不太准确 | 资料较为完善,对风险的识别、量化与分配较为准确 |
| 测算影子价格 | 预测社会资本方融资利率保守,融资成本较高 | 与社会资本方接触,根据社会资本方的竞争程度重新预测社会资本方的融资利率,一般测算出的融资成本较低 |
| | 预测社会资本方合理利润率较高,导致识别阶段 PPP 值较大 | 一般社会资本会在政府提出的合理收益率的基础上给予一定的优惠,PPP 值或低于识别阶段 |
| | 根据实施方案中选择的支付方式进行测算 | 随着对项目了解的深入,支付方式或出现变动 |

# 6 案例分析

在财政部"政府和社会资本合作中心"的项目信息库里可见,截至 2020 年 7 月,我国采用 PPP 模式的项目涉及基础设施各个领域,其中交通工程和市政工程无论项目数量还是项目投资额占比都超过了总体的 55%。本章以一污水处理项目为例,对该项目逐一开展 VFM 定性与定量评价。

## 6.1 项目背景

阜康市西部城区污水处理厂及配套管网工程 PPP 项目入选了第三批政府与社会资本合作示范项目名单,于 2015 年 9 月 2 日发起,已完成社会资本采购,进入了执行阶段。建设污水处理厂 1 座,新建排水管道 78.38 km。其中污水处理厂建设规模为 2 万 $m^3/d$,执行《城镇污水处理厂污染物排放标准》(GB 18918—2002)一级 A 标准,采用水解酸化 + $A^2/O$ + MBR 膜池工艺。新建排水管道 78.38 km,管径为 300~1 200 mm,管材为钢筋混凝土Ⅱ级管、Ⅲ级管。采用 BOT 模式,建设期 2 年,运营期 25 年。项目总投资 21 933.89 万元,资本金 6 580.167 万元,占总投资的 30%,其中政府和社会资本方出资比例分别为 25% 和 75%;项目公司向金融机构贷款 15 353.723 万元,占总投资的 70%。

根据本文 VFM 评价体系的设置,为"识别—准备"两阶段 VFM 评价,故应进行两阶段 VFM 定性与定量分析。然而该项目已进入实施阶段,项目识别阶段所掌握的资料已难以获取,不能对项目识别的情况进行准确评估,故该项目识别阶段只进行 VFM 定性分析,准备阶段采用定性与定量分析相结合的方式展开 VFM 评价。

## 6.2 项目 VFM 定性评价分析

### 6.2.1 识别阶段 VFM 定性分析

本案例按照前文第 5 章的分析，采用专家打分法与主客观综合集成赋值法来确定每项指标的得分与权重，进而进行 VFM 定性评价分析。首先，制作 VFM 定性评价调查问卷，见附录 B；然后向不同咨询机构及国有企业的 5 位专家发放问卷，并及时回收，回收的原始数据见附录 D；最后通过数据分析得出 VFM 定性评价的结论。

（1）通过分析 5 位专家对 10 项指标的权重打分，在加权平均法计算主观权重的基础上，引入向量相似度法进行修正，得到修正后的权重如表 6-1 所示。

（2）通过加权平均计算 VFM 定性评价的分数如表 6-2 所示，为 82.13 分，大于 60 分，表明阜康市西部城区污水处理厂及配套管网 PPP 项目通过识别阶段 VFM 定性评价，可进入准备阶段评价 VFM 评价。

表 6-1 识别阶段指标权重估算表

| 指标 | | 主观权重 | 相似度 γ | 客观权重 | 综合权重 |
| --- | --- | --- | --- | --- | --- |
| 基本指标 | 全生命周期整合程度 | 16.00% | 0.88 | 10.88% | 13% |
| | 风险识别与分配 | 15.00% | 0.89 | 11.00% | 13% |
| | 绩效导向与鼓励创新 | 11.00% | 0.90 | 11.16% | 11% |
| | 潜在竞争程度 | 11.00% | 0.90 | 11.16% | 11% |
| | 政府机构能力 | 13.00% | 0.90 | 11.13% | 12% |
| | 可融资性 | 10.00% | 1.00 | 12.40% | 11% |
| 附加指标 | 社会效益 | 9.00% | 0.88 | 10.94% | 10% |
| | 环境效益 | 9.00% | 0.88 | 10.94% | 10% |
| | 预期使用寿命 | 6.00% | 0.84 | 10.40% | 8% |

表 6-2  识别阶段 VFM 定性评价分数估算表

| 指标 | | 专家1 | 专家2 | 专家3 | 专家4 | 专家5 | 权重 | 最终评分 |
|---|---|---|---|---|---|---|---|---|
| 基本指标 | 全生命周期整合程度 | 80 | 85 | 79 | 83 | 86 | 13% | 11.10 |
| | 风险识别与分配 | 82 | 77 | 80 | 75 | 70 | 13% | 9.98 |
| | 绩效导向与鼓励创新 | 85 | 82 | 78 | 88 | 75 | 11% | 9.04 |
| | 潜在竞争程度 | 70 | 79 | 75 | 83 | 78 | 11% | 8.53 |
| | 政府机构能力 | 85 | 88 | 84 | 90 | 87 | 12% | 10.47 |
| | 可融资性 | 88 | 90 | 80 | 85 | 80 | 11% | 9.48 |
| 附加指标 | 社会效益 | 79 | 85 | 70 | 80 | 88 | 10% | 8.01 |
| | 环境效益 | 89 | 85 | 80 | 90 | 86 | 10% | 8.57 |
| | 预期使用寿命 | 86 | 80 | 88 | 90 | 79 | 8% | 6.94 |
| 合计 | | | | | | | 100% | 82.13 |

## 6.2.2  准备阶段 VFM 定性分析

准备阶段依旧采用专家打分法与主客观综合集成赋值法来确定每项指标的得分与权重。首先，制作 VFM 定性评价调查问卷，该调查问卷的权重调查只包括基本指标与附加指标，见附录 B；然后向不同咨询机构及国有企业的 5 位专家发放问卷，并及时回收，回收的原始数据见附录 E；最后通过数据分析得出 VFM 定性评价的结论。

（1）通过分析 5 位专家对 10 项指标的权重打分，在加权平均法计算主观权重的基础，引入向量相似度法进行修正，得到修正后的权重如表 6-3 所示。

表 6-3  准备阶段指标权重估算表

| 指标 | | 主观权重 | 相似度 γ | 客观权重 | 综合权重 |
|---|---|---|---|---|---|
| 基本指标 | 全生命周期整合程度 | 15.00% | 0.89 | 12.49% | 14% |
| | 风险识别与分配 | 18.00% | 0.92 | 12.99% | 15% |
| | 绩效导向与鼓励创新 | 14.00% | 0.92 | 12.94% | 13% |
| | 潜在竞争程度 | 10.00% | 0.84 | 11.89% | 11% |

(续表)

| | 指标 | 主观权重 | 相似度 γ | 客观权重 | 综合权重 |
|---|---|---|---|---|---|
| 基本指标 | 政府机构能力 | 14.00% | 0.92 | 12.94% | 13% |
| | 可融资性 | 13.00% | 0.90 | 12.63% | 13% |
| 附加指标 | 预期使用寿命 | 7.00% | 0.83 | 11.72% | 9% |
| | 全生命周期成本测算准确性 | 9.00% | 0.88 | 12.42% | 11% |

（2）通过加权平均计算VFM定性评价的分数如表6-4所示，为83.61分，大于60分，表明阜康市西部城区污水处理厂及配套管网PPP项目通过准备阶段VFM定性评价。

表6-4 准备阶段VFM定性评价分数估算表

| | 指标 | 专家1 | 专家2 | 专家3 | 专家4 | 专家5 | 权重 | 最终评分 |
|---|---|---|---|---|---|---|---|---|
| 基本指标 | 全生命周期整合程度 | 79 | 85 | 80 | 75 | 81 | 14% | 10.99 |
| | 风险识别与分配 | 81 | 75 | 82 | 77 | 80 | 15% | 12.24 |
| | 绩效导向与鼓励创新 | 70 | 81 | 78 | 75 | 83 | 13% | 10.42 |
| | 潜在竞争程度 | 75 | 70 | 77 | 79 | 75 | 11% | 8.23 |
| | 政府机构能力 | 85 | 75 | 85 | 80 | 77 | 13% | 10.83 |
| | 可融资性 | 78 | 85 | 86 | 88 | 85 | 13% | 10.82 |
| 附加指标 | 预期使用寿命 | 87 | 81 | 84 | 86 | 89 | 9% | 7.99 |
| | 全生命周期成本测算准确性 | 85 | 89 | 83 | 88 | 79 | 11% | 9.08 |
| 加分指标 | 社会效益 | 1 | 0 | 1 | 2 | 1 | — | 1.00 |
| | 环境效益 | 2 | 3 | 1 | 2 | 2 | — | 2.00 |
| | 合计 | | | | | | 100% | 83.61 |

## 6.3 项目 PSC 值的计算

### 6.3.1 模拟污水处理厂项目界定

根据模拟项目设定原则,结合阜康市西部城区污水处理厂及配套管网 PPP 项目可研内容,模拟的污水处理项目的参数如下:

(1) 项目建设内容包括规模为 2 万 $m^3/d$ 且达到《城镇污水处理厂污染物排放标准》(GB 18918—2002)一级 A 标准的污水处理厂一座,和管径为 300~1 200 mm、管材为钢筋混凝土Ⅱ级管与Ⅲ级管的排水管道 78.38 km。

(2) 项目周期:建设期 2 年,运营期 25 年。

(3) 税率:按照税收相关政策,污水处理厂增值税即征即退 70%,所得税税率为 25%,且污水处理项目所得税享受"三免三减半"优惠。

(4) 营业收入估算:项目建设规模为 2 万 t/d,根据调研,污水处理量在运营期 1~8 年分别为设计能力的 60%、65%、70%、75%、80%、85%、90%、95%,第 9 年至第 25 年为设计能力的 100%;污水处理收费标准按生活污水 0.85 元$/m^3$,工业污水 2 元$/m^3$。

(5) 成本测算:采用平均年限法计算固定资产折旧,折旧年限为 25 年,残值率为 5%,折旧率为 3.8%。

(6) 折现率:选择无风险利率作为折现率,可采用政府的长期借款利率作为无风险利率,即选择 2015 年 9 月 5 年期国债利率 4.67% 作为计算的折现率。

### 6.3.2 初始 PSC 现值计算

模拟污水处理项目 PSC 现值为建设期成本现值与运营期成本现值之和,根据该项目可行性研究报告提供的数据资料,可对污水处理项目建设期、运营期成本现值进行估算。

(1) 建设期成本现值

建设期费用为工程费用、设备购置及安装费用、工程建设其他费用与预备费四项之和。根据污水处理可研资料计算模拟污水处理项目建设成本现值为 21 474.81 万元,如表 6-5 所示。

表 6-5 模拟污水处理建设成本现值估算表

| 序号 | 项目 | 现值/万元 |
|---|---|---|
| 1 | 工程费用 | 7 058.77 |
| 1.1 | 污水处理厂 | 4 973.58 |
| 1.2 | 污水管网 | 2 085.19 |
| 2 | 设备购置及安装费用 | 11 599.02 |
| 2.1 | 设备购置费用 | 4 738.43 |
| 2.2 | 安装工程费用 | 6 860.59 |
| 3 | 工程建设其他费用 | 1 363.05 |
| 3.1 | 土地费用 | 0 |
| 3.2 | 场地平整费用 | 186.58 |
| 3.3 | 建设单位管理费 | 208.47 |
| 3.4 | 前期工作咨询费 | 43.08 |
| 3.5 | 勘察费 | 760.64 |
| 3.6 | 招标服务费 | 34.88 |
| 3.7 | 施工图预算编制费 | 61.14 |
| 3.8 | 施工图审查费 | 3.94 |
| 3.9 | 工程招标交易服务费 | 7.00 |
| 3.10 | 生产职工培训费 | 3.20 |
| 3.11 | 办公和生活家具购置费 | 5.20 |
| 3.12 | 联合试运转费 | 46.92 |
| 3.13 | 环评影响报告 | 2.00 |

(续表)

| 序号 | 项目 | 现值/万元 |
|---|---|---|
| 4 | 预备费 | 1 001.042 |
| 4.1 | 基本预备费 | 1 001.042 |
| 4.2 | 差价预备费 | 0 |
| 建设净成本合计(1+2+3+4) | | 21 021.882 |

(2)运营期成本现值

污水处理项目运营期成本包括药剂费、动力费、电费、膜更换费、污泥处理费、职工薪酬、修理费、其他费用、财务费用、折旧等。根据建立的财务模型,运营成本的现值为 41 065.57 万元,见表 6-6 所示,详细计算见附录 G。

表 6-6 模拟污水处理项目运营期成本现值估算表

| 序号 | 项目 | 现值/万元 |
|---|---|---|
| 1 | 物料消耗(药剂) | 1 051.53 |
| 2 | 动力费 | 5 453.70 |
| 3 | 电费 | 3 767.87 |
| 4 | 膜更换费 | 1 330.08 |
| 5 | 污泥处理费 | 355.75 |
| 6 | 职工薪酬 | 917.76 |
| 7 | 修理费 | 5 834.81 |
| 8 | 其他费用 | 1 363.78 |
| 9 | 财务费用 | 15 027.62 |
| 10 | 折旧 | 5 962.68 |
| 运营期成本(1+2+3+4+5+6+7+8+9+10) | | 41 065.57 |

(3)应扣减第三方收入

模拟污水处理项目的第三方收入为营业收入,即收取的污水处理费,每年的营业收入见表 6-7 所示,由此得出营业收入的现值为

40 245.66 万元。

表 6-7 模拟污水处理项目年运营收入　　　单位:万元

| 年份 | 2018 | 2019 | 2020 | 2021 | 2022 | 2023 | 2024 | 2025 | 2026 |
|---|---|---|---|---|---|---|---|---|---|
| 运营收入 | 2 452.8 | 3 066 | 3 066 | 3 066 | 3 066 | 3 066 | 3 066 | 3 066 | 3 066 |
| 年份 | 2027 | 2028 | 2029 | 2030 | 2031 | 2032 | 2033 | 2034 | 2035 |
| 运营收入 | 3 066 | 3 066 | 3 066 | 3 066 | 3 066 | 3 066 | 3 066 | 3 066 | 3 066 |
| 年份 | 2036 | 2037 | 2038 | 2039 | 2040 | 2041 | 2042 | | |
| 运营收入 | 3 066 | 3 066 | 3 066 | 3 066 | 3 066 | 3 066 | 3 066 | | |

初始 PSC＝ 建设期成本现值＋运营期成本现值－第三方收入现值

通过上述计算可知,模拟污水处理项目初始 PSC 为 21 841.79 万元。

### 6.3.3 竞争性中立调整现值

根据上文 5.4.2 的分析,竞争性中立主要体现在税收与土地使用费上,其中税收为印花税;该项目土地通过划拨的方式获取,不计入竞争性中立调整。

根据《中华人民共和国印花税暂行条例》,建筑、安装工程承包合同按承包金额万分之三贴花,本项目投资额约 21 933.89 万元,从而可以计算出应纳印花税为 6.58 万元,假设在建设期均匀投入,则应缴印花税净现值为 6.15 万元。

竞争性中立调整项净现值为 6.15 万元。

### 6.3.4 风险量化

(1) 风险的识别

风险识别是 PPP 项目风险量化与分配的前提,再结合上文 5.4.3,通过风险分解法识别的污水处理 PPP 项目的风险表的基础上,结合本污水处理项目的实施方案、特许经营协议等相关文件,识别出阜康市西部城区污水处理厂及配套管网 PPP 项目所涉及的风险,见表 5-9 所示。

(2) 风险的量化

根据前文的分析,本项目采用集值统计法进行项目风险的量化,将已识别的风险按照对某一计算基数(如建设期成本、运营期成本等)不同的影响程度划分为不等距的5组,即有利、基本、不利、较差和最坏5种情景,5种情景代表5种风险后果,取每组的组中值作为该情景下风险后果的估计值。其中,项目前期阶段和建设阶段以投资建设期成本作为计算基数;运营阶段涉及成本与收入的测算,运营期与成本相关的风险以运营期的成本作为计算基础,与收益相关的风险以收入作为计算基础;实施周期的风险贯穿项目全生命周期,以建设运营总成本为计算基数。

在此基础上制作风险概率调查表见附录G,通过问卷调查,获取5位专家对已识别风险在不同情景下的发生概率区间,原始数据见附录H。然后根据上文给出的集值统计法计算公式,计算各风险在不同情景下发生的概率值,最后通过加权平均得出各风险的风险价值。

下面以项目融资风险为例,分析集值统计法下风险价值计算的过程。首先以投资建设成本为计算基数,计算不同情景下项目融资风险后果估计值见表6-8所示。

表6-8 项目融资风险后果估计值

| 风险情景 | 风险后果 | 投资建设成本/万元 | 风险后果估计值/万元 |
| --- | --- | --- | --- |
| 有利 | 投资建设成本节约5%以上 | 18 919.69 | −2 102.19 |
| 基本 | 投资建设成本节约5%~超支5% | 21 021.88 | 0.00 |
| 不利 | 投资建设成本超支5%~15% | 23 124.07 | 2 102.19 |
| 较差 | 投资建设成本超支15%~25% | 25 226.26 | 4 204.38 |
| 最坏 | 投资建设成本超支25%以上 | 27 328.45 | 6 306.56 |

从表6-8可以看出,项目融资风险以对投资建设成本的不同影响划分为5个不等距的风险后果,取每组的组中值作为该情景下的风险后果估计值,如在有利情景下,风险后果估计值为投资建设成本减少的10%;在基本情景下,风险后果估计值为零;在不利情景下,风

险后果估计值为建设投资成本增加的10%,以此类推即可得到全部5种情景下的风险后果估计值。

在确定不同情景下的风险后果后,通过向5位专家发放专家问卷,获得五种情景下项目融资风险发生的概率区间,通过风险分析比例法计算各情景下的概率值,并通过公式(5-24)计算离散度,计算出的离散度 $g$ 的值很小,如表6-9所示,表明各专家对项目融资风险的估值区间是可信的。在可信性得到保证的前提下,将计算的概率进行归一化处理,获得各情景下的项目融资风险的概率值。

表6-9 项目融资风险概率估算表

| 情景 | 专家1 | | 专家2 | | 专家3 | | 专家4 | | 专家5 | | 各情景下的概率值 | 离散度 | 归一化概率值 |
|---|---|---|---|---|---|---|---|---|---|---|---|---|---|
| 有利 | 20 | 35 | 25 | 30 | 30 | 40 | 25 | 30 | 20 | 35 | 29 | 0.002 233 | 23 |
| 基本 | 70 | 85 | 70 | 80 | 60 | 70 | 65 | 80 | 70 | 75 | 73 | 0.003 142 | 59 |
| 不利 | 10 | 15 | 5 | 15 | 5 | 10 | 1 | 10 | 5 | 10 | 8 | 0.001 084 | 7 |
| 较差 | 5 | 10 | 5 | 15 | 1 | 5 | 5 | 10 | 5 | 10 | 8 | 0.000 903 | 6 |
| 最坏 | 1 | 15 | 1 | 5 | 1 | 5 | 5 | 10 | 1 | 5 | 6 | 0.001 388 | 5 |
| 合计 | | | | | | | | | | | 124 | | 100 |

在得出风险后果与各情景下风险发生的概率值后,通过加权平均可计算出项目融资风险的风险价值,为218.07万元,见表6-10所示。

表6-10 项目融资风险价值估算表

| 风险情景 | 风险后果 | 风险后果估计值/万元 | 风险概率估计值 | 风险价值/万元 |
|---|---|---|---|---|
| 有利 | 投资建设成本节约5%以上 | -2 102.19 | 23% | -491.16 |
| 基本 | 投资建设成本节约5%~超支5% | 0.00 | 59% | 0.00 |
| 不利 | 投资建设成本超支5%~15% | 2 102.19 | 7% | 142.96 |
| 较差 | 投资建设成本超支15%~25% | 4 204.38 | 6% | 262.23 |
| 最坏 | 投资建设成本超支25%以上 | 6 306.56 | 5% | 304.04 |
| 合计 | | | 100% | 218.07 |

同理,可计算出其他各风险的风险价值,将各风险按照风险发生的时点进行折现,即可获得该污水处理 PPP 项目全部风险的现值,为 14 205.87 万元,见表 6-11 所示。

**表6-11　阜康市西部城区污水处理厂及配套管网工程 PPP 项目风险价值表**

| 风险因素 | 风险价值/万元 | 发生时点 | NPV/万元 |
| --- | --- | --- | --- |
| 项目立项风险 | 187.30 | 建设期第一年与第二年 6∶4 分配 | 175.75 |
| 项目审批延误风险 | 109.13 | 建设期第一年与第二年 6∶4 分配 | 102.40 |
| 勘察设计缺陷风险 | 151.40 | 建设期第一年与第二年 6∶4 分配 | 142.06 |
| 项目招投标风险 | 375.14 | 建设期第一年与第二年 6∶4 分配 | 352.01 |
| 项目谈判风险 | 372.68 | 建设期第一年与第二年 6∶4 分配 | 349.70 |
| 项目规划风险 | 100.41 | 建设期第一年与第二年 6∶4 分配 | 94.22 |
| 土地征用风险 | 527.92 | 建设期第一年与第二年 6∶4 分配 | 495.36 |
| 项目融资风险 | 218.07 | 建设期第一年与第二年 6∶4 分配 | 204.62 |
| 不良地质条件 | 174.74 | 建设期第一年与第二年 6∶4 分配 | 163.97 |
| 建设材料供应商选择风险 | 70.41 | 建设期第一年与第二年 6∶4 分配 | 66.07 |
| 监理选择风险 | 87.16 | 建设期第一年与第二年 6∶4 分配 | 81.78 |
| 项目成本超支风险 | 525.54 | 建设期第一年与第二年 6∶4 分配 | 493.13 |
| 分包商的选择风险 | 89.12 | 建设期第一年与第二年 6∶4 分配 | 83.63 |
| 完工风险 | 562.26 | 建设期第一年与第二年 6∶4 分配 | 527.59 |
| 施工技术风险 | 88.20 | 建设期第一年与第二年 6∶4 分配 | 82.76 |
| 施工安全事故风险 | 136.66 | 建设期第一年与第二年 6∶4 分配 | 128.23 |
| 工程质量风险 | 121.41 | 建设期第一年与第二年 6∶4 分配 | 113.92 |
| 设备供应商选择风险 | 68.79 | 建设期第一年与第二年 6∶4 分配 | 64.55 |
| 组织协调风险 | 73.89 | 建设期第一年与第二年 6∶4 分配 | 69.34 |
| 外汇风险 | 2.52 | 运营期平均分配 | 1.34 |
| 进水水质风险 | 1 126.58 | 运营期平均分配 | 599.38 |
| 进水量风险 | 1 252.60 | 运营期平均分配 | 570.63 |
| 配套管网完善风险 | 597.46 | 运营期平均分配 | 666.42 |
| 运营能力欠缺风险 | 256.44 | 运营期平均分配 | 317.87 |
| 环境标准变化风险 | 690.09 | 运营期平均分配 | 136.43 |

(续表)

| 风险因素 | 风险价值/万元 | 发生时点 | NPV/万元 |
|---|---|---|---|
| 能源供应和价格变化风险 | 290.59 | 运营期平均分配 | 367.15 |
| 原材料价格变化风险 | 519.24 | 运营期平均分配 | 154.60 |
| 收费困难风险 | 550.01 | 运营期平均分配 | 415.57 |
| 员工工资风险 | 1 072.54 | 运营期平均分配 | 276.25 |
| 竞争性风险 | 781.09 | 运营期平均分配 | 292.62 |
| 合同风险 | 1 433.71 | 实施周期平均分配 | 805.48 |
| 不可抗力风险 | 1 808.43 | 实施周期平均分配 | 1016.00 |
| 政策稳定性风险 | 710.74 | 实施周期平均分配 | 399.30 |
| 社会环境风险 | 1 089.23 | 实施周期平均分配 | 611.94 |
| 通货膨胀风险 | 96.48 | 实施周期平均分配 | 54.21 |
| 利率风险 | 1 315.29 | 实施周期平均分配 | 738.95 |
| 政府干预风险 | 1 548.71 | 实施周期平均分配 | 870.09 |
| 第三方侵权风险 | 1 262.78 | 实施周期平均分配 | 709.45 |
| 政府人员腐败 | 92.73 | 实施周期平均分配 | 52.10 |
| 公众反对风险 | 72.24 | 实施周期平均分配 | 40.59 |
| 政府信用 | 2 346.70 | 实施周期平均分配 | 1 318.41 |
| 合计 | 22 956.43 | — | 14 205.87 |

上文已计算出初始 PSC 值、竞争性中立调整值与全部的风险价值,三项相加即为 PSC 值,为 36 053.81 万元。

## 6.4　项目 PPP 值的计算

### 6.4.1　测算合同价格

测算的合同价格即预测政府方将支付给社会资本的全部金额,根据我国财政部颁布的指引,可分为可用性付费与运维绩效付费两部分。本文的核心是推动 VFM 评价在我国的健康持续发展,避免

VFM评价流于形式,故在测算合同价格的计算上,本文遵照财政部指引,将其分为可用性付费与运维绩效付费两部分。

(1) 可用性付费

可用性付费是指PPP项目公司建设的项目在符合法律法规、达到合同约定的验收标准的基础上项目公司可按合同约定获得的服务收入。根据《关于规范政府和社会资本合作(PPP)综合信息平台项目库管理的通知》,可用性付费与绩效挂钩程度不得低于30%。

本文采用等额本息视角下的折现现金流模型来计算污水处理PPP项目的可用性付费,见表6-12所示,从而可以得出项目可用性付费的现值为21 221.55万元。

表6-12 可用性付费测算表　　　　　单位:万元

| 运营年份 | 1 | 2 | 3 | 4 | 5 | 6 |
|---|---|---|---|---|---|---|
| 可用性付费 | 1 595.50 | 1 595.50 | 1 595.50 | 1 595.50 | 1 595.50 | 1 595.50 |
| 运营年份 | 7 | 8 | 9 | 10 | 11 | 12 |
| 可用性付费 | 1 595.50 | 1 595.50 | 1 595.50 | 1 595.50 | 1 595.50 | 1 595.50 |
| 运营年份 | 13 | 14 | 15 | 16 | 17 | 18 |
| 可用性付费 | 1 595.50 | 1 595.50 | 1 595.50 | 1 595.50 | 1 595.50 | 1 595.50 |
| 运营年份 | 19 | 20 | 21 | 22 | 23 | 24 |
| 可用性付费 | 1 595.50 | 1 595.50 | 1 595.50 | 1 595.50 | 1 595.50 | 1 595.50 |
| 运营年份 | 25 | — | — | — | — | — |
| 可用性付费 | 1 595.50 | — | — | — | — | — |

(2) 运维绩效付费

运维绩效服务费是指政府支付给项目公司为了维持项目可用性所需要的运营维护的费用,计算见表6-13所示。根据表6-13可知,运营服务费在运营期1至12年每年不等额支付;在13至25年,项目的营业收入能够覆盖每年的成本,故不用支付运维绩效服务费,运维绩效服务费的现值为6 410.6万元。

表 6-13 运维绩效服务费测算表　　　　单位:万元

| 运营年份 | 1 | 2 | 3 | 4 | 5 | 6 |
|---|---|---|---|---|---|---|
| 运维绩效服务费 | 1 508.13 | 834.18 | 810.24 | 786.28 | 762.34 | 738.38 |
| 运营年份 | 7 | 8 | 9 | 10 | 11 | 12 |
| 运维绩效服务费 | 714.43 | 690.48 | 622.86 | 552.46 | 482.05 | 411.65 |

综上可知,测算的合同价格的现值为 27 632.15 万元。

### 6.4.2　政府投资部分成本

通过上文给出项目基本信息可知,总投资为 21 933.89 万元,资本金占比 30%,其中本案例政府与社会资本按 25%∶75% 出资。根据上文分析,政府投资部分成本主要是政府股权支出,故政府投资部分成本为 1 645.04 万元,按照建设期第一年 60%、第二年 40% 的比例投入,得出政府投资部分成本现值为 1 543.6 万元。

### 6.4.3　政府保留风险价值

根据前文 4.4.1 的分析,本案例采用问卷调查专家打分法进行政府和社会资本方之间风险分配的测算。首先制作政府和社会资本方之间风险分配专家打分问卷,为了简化流程,本文将风险概率调查表与风险分配调查表合并在一起,详见附录 G。随后根据专家的打分确定政府与社会资本之间风险的分担比例,专家打分原始数据详见附录 H。

下面以项目融资风险为例,分析调查问卷专家打分法的计算过程。通过问卷调查获得 5 位专家的对本项目融资风险的打分情况,见表 6-14 所示。

表 6-14　项目融资风险分配打分表

| 风险名称 | 专家打分 | | | | |
|---|---|---|---|---|---|
|  | 1 | 2 | 3 | 4 | 5 |
| 项目融资风险 | 4 | 4 | 5 | 4 | 5 |

根据 5 位专家的打分,计算出项目融资风险的风险分配的算术平均值,为 4.4,处于社会资本分担为主的范围内。根据线性内插法公式(5-28)可计算出,社会资本方承担的项目融资风险比例为 88%,政府方承担的项目融资风险为 12%,进而可计算出政府方承担的项目融资风险为 24.55 万元。以此类推,可计算出政府方承担的各项风险的现值,加总即为政府保留风险,为 6 198.31 万元,如表 6-15 所示。

表 6-15 政府保留风险估算表

| 风险名称 | 专家打分 | | | | | 平均值 | 政府方承担比例 | 保留风险现值/万元 |
| --- | --- | --- | --- | --- | --- | --- | --- | --- |
| | 1 | 2 | 3 | 4 | 5 | | | |
| 项目立项风险 | 2 | 2 | 1 | 1 | 2 | 1.6 | 68% | 119.51 |
| 项目审批延误风险 | 4 | 3 | 3 | 3 | 4 | 3.4 | 32% | 32.77 |
| 勘察设计缺陷风险 | 4 | 3 | 3 | 3 | 3 | 3.2 | 36% | 51.14 |
| 项目招投标风险 | 1 | 2 | 2 | 1 | 1 | 1.4 | 72% | 253.44 |
| 项目谈判风险 | 3 | 3 | 3 | 3 | 3 | 3.0 | 40% | 139.88 |
| 项目规划风险 | 3 | 1 | 1 | 2 | 2 | 1.8 | 64% | 60.30 |
| 土地征用风险 | 1 | 2 | 1 | 1 | 2 | 1.4 | 72% | 356.66 |
| 项目融资风险 | 4 | 4 | 5 | 4 | 5 | 4.4 | 12% | 24.55 |
| 不良地质条件 | 4 | 2 | 3 | 4 | 3 | 3.2 | 36% | 59.03 |
| 建设材料供应商选择风险 | 4 | 4 | 4 | 4 | 4 | 4.0 | 20% | 13.21 |
| 监理选择风险 | 4 | 1 | 3 | 4 | 4 | 3.2 | 36% | 29.44 |
| 项目成本超支风险 | 5 | 4 | 4 | 5 | 5 | 4.6 | 8% | 39.45 |
| 分包商的选择风险 | 5 | 3 | 4 | 4 | 5 | 4.2 | 16% | 13.38 |
| 完工风险 | 5 | 4 | 4 | 5 | 5 | 4.6 | 8% | 42.21 |
| 施工技术风险 | 5 | 5 | 5 | 5 | 5 | 5.0 | 0% | 0.00 |
| 施工安全事故风险 | 5 | 4 | 4 | 5 | 5 | 4.6 | 8% | 10.26 |
| 工程质量风险 | 5 | 5 | 5 | 5 | 5 | 5.0 | 0% | 0.00 |
| 设备供应商选择风险 | 5 | 4 | 4 | 5 | 5 | 4.6 | 8% | 5.16 |
| 组织协调风险 | 4 | 3 | 3 | 3 | 4 | 3.4 | 32% | 22.19 |

(续表)

| 风险名称 | 专家打分 | | | | | 平均值 | 政府方承担比例 | 保留风险现值/万元 |
|---|---|---|---|---|---|---|---|---|
| | 1 | 2 | 3 | 4 | 5 | | | |
| 外汇风险 | 2 | 3 | 3 | 2 | 1 | 2.2 | 56% | 0.75 |
| 进水水质风险 | 4 | 3 | 3 | 2 | 3 | 3.0 | 40% | 239.75 |
| 进水量风险 | 4 | 2 | 3 | 4 | 4 | 3.4 | 32% | 182.60 |
| 配套管网完善风险 | 4 | 4 | 3 | 4 | 3 | 3.6 | 28% | 186.60 |
| 运营能力欠缺风险 | 5 | 4 | 5 | 5 | 5 | 4.8 | 4% | 12.71 |
| 环境标准变化风险 | 3 | 3 | 3 | 3 | 3 | 3.0 | 40% | 54.57 |
| 能源供应和价格变化风险 | 3 | 4 | 4 | 4 | 3 | 3.6 | 28% | 102.80 |
| 原材料价格变化风险 | 3 | 4 | 4 | 3 | 4 | 3.6 | 28% | 43.29 |
| 收费困难风险 | 2 | 2 | 1 | 1 | 2 | 1.6 | 68% | 282.58 |
| 员工工资风险 | 5 | 4 | 4 | 5 | 5 | 4.6 | 8% | 22.10 |
| 竞争性风险 | 2 | 4 | 3 | 4 | 4 | 3.4 | 32% | 93.64 |
| 合同风险 | 3 | 4 | 4 | 3 | 3 | 3.4 | 32% | 257.75 |
| 不可抗力风险 | 3 | 3 | 3 | 3 | 3 | 3.0 | 40% | 406.40 |
| 政策稳定性风险 | 1 | 2 | 2 | 1 | 1 | 1.4 | 72% | 287.50 |
| 社会环境风险 | 2 | 3 | 1 | 2 | 1 | 1.8 | 64% | 391.64 |
| 通货膨胀风险 | 2 | 3 | 4 | 4 | 3 | 3.2 | 36% | 19.51 |
| 利率风险 | 3 | 3 | 4 | 3 | 3 | 3.2 | 36% | 266.02 |
| 政府干预风险 | 1 | 1 | 1 | 1 | 1 | 1.0 | 80% | 696.07 |
| 第三方侵权风险 | 3 | 3 | 3 | 4 | 3 | 3.2 | 36% | 255.40 |
| 政府人员腐败 | 1 | 1 | 1 | 1 | 1 | 1.0 | 80% | 41.68 |
| 公众反对风险 | 2 | 2 | 1 | 1 | 2 | 1.6 | 68% | 27.60 |
| 政府信用 | 1 | 1 | 1 | 1 | 1 | 1.0 | 80% | 1 054.73 |
| 合计 | | | | | | | | 6 198.31 |

综上,测算合同价格、政府投资部分成本与政府保留风险都已测算出来,相加即为准备阶段 PPP 值,为 35 374.06 万元。

## 6.5　项目 VFM 定量评价分析

通过 6.3 节与 6.4 节的测算,分别计算出了阜康市西部城区污水处理厂及配套管网工程 PPP 项目准备阶段的 PSC 值 PPP 值。

(1) VFM 绝对值为 PSC 与 PPP 值之差

$$\text{VFM} = \text{PSC} - \text{PPP} = 36\ 053.81 - 35\ 374.06 = 679.75(万元)$$

(2) VFM 相对值为 PSC 值与 PPP 值之差与 PSC 的比值

$$\text{VFM} = \frac{\text{PSC} - \text{PPP}}{\text{PSC}} = \frac{36\ 053.81 - 35\ 374.06}{36\ 053.81} = 1.89\%$$

通过计算得出 VFM 绝对值 = 679.75 万元 > 0, VFM 相对值 = 1.89% > 0,表明政府通过 PPP 模式提供服务比在传统采购模式下更加物有所值,可以为政府节约 679.75 万元的财政支出,说明阜康市西部城区污水处理厂及配套管网工程项目适宜采用 PPP 模式来提供。

## 6.6　项目"识别—准备"两阶段 VFM 评价分析

通过上文 6.2 节与 6.5 节的分析可知,阜康市西部城区污水处理厂及配套管网工程 PPP 项目经历了"识别—准备"两阶段 VFM 评价。

识别阶段,对项目进行了 VFM 定性分析。通过文献分析、问卷调查与专家访谈共选用了 9 项指标,在采用专家评估法与专家打分法分别获得指标权重与指标得分的基础上,通过主客观综合集成赋值法进行数据处理,获得项目指标的权重,进而得出项目识别阶段 VFM 定性评价获得 82.13 分,表明项目具备较好的社会效益与环境效益,项目采用 PPP 模式的适宜性得到证明,通过识别阶段 VFM 评价,可进入下一阶段 VFM 评价。

准备阶段,对项目进行了VFM定性分析与定量分析。准备阶段选取了10项指标,通过专家评估法、专家打分法与主客观综合集成赋值法得出项目准备阶段VFM定性评价得分为83.61分,表明项目预期能够采购到能使得PPP项目实现物有所值的社会资本,项目通过准备阶段VFM定性评价。并对PSC与PPP的组成进行了分析与计算,得出VFM绝对值为679.75万元,相对值为1.89%,都大于0,项目通过准备阶段VFM定量评价。

综上可知,阜康市西部城区污水处理厂及配套管网工程PPP项目通过"识别—准备"两阶段VFM评价,适宜采用PPP模式。

# 7 结论及 VFM 发展建议

## 7.1 结论与研究不足

### 7.1.1 结论

自 2014 年 9 月至今,PPP 模式在我国的推广运用,经历了大起大落的阶段。运用 PPP 模式快速推动了许多地方政府亟待建设又缺乏投入资金的基础设施项目,但进入运营期后地方政府又深受按约按期支付可行性缺口补贴的财政压力。有些地方政府对 PPP 模式的理念依然不甚了解或迫于缓解债务压力,仅把其当成解决当下困难的投融资工具,相当多的不适宜采用 PPP 模式的项目未能在 VFM 评价过程中得到科学的评判,以获得及时转回传统投资模式的机会,导致政府后续付款压力巨大,给财政带来严重的危机。从根源上解决 PPP 模式的不适宜泛用是推动 PPP 模式在我国健康发展的当务之急,VFM 评价在此过程中起着决定性的作用。本文在借鉴国外较为成熟的经验的基础上,以财政部颁发的《PPP 物有所值评价指引(试行)》为突破口,结合我国基础设施领域的实际情况,构建了拟采用 PPP 模式的基础设施项目"识别—准备"两阶段 VFM 评价模型,希望为政府决策是否采用 PPP 模式进行基础设施项目的建设及运营提供参考。本文主要得到以下几点结论:

(1) 通过分析以英国、美国、澳大利亚、加拿大为代表的 PPP 模式发展成熟国家的 VFM 评价体系,吸取成功经验,构建了适宜我国国情的 VFM 评价体系。通过对上述四国 VFM 评价体系的分析,发现四国都采用定性评价与定量评价相结合的方式来进行PPP项目的VFM评价,且VFM评价不局限于项目初期,而是贯穿于PPP项目全生命周期的。结合PPP模式及VFM评价在我国的发展现状,本文将VFM评价设定为"识别－准备"两个阶段,希望既能学习借鉴海外已有的经验教训又能符合我国现状,实现更多可操作性。识别阶段以定性评价为主、定量评价为辅,在资料不充分的情况下可只展开VFM定性评价;准备阶段同时开展定性评价与定量评价,同时通过定性评价与定量评价可进入采购阶段。

(2) 通过文献分析法确定了拟采用PPP模式的基础设施项目VFM定性评价的方法,并采用问卷调查法与专家访谈法提炼出了"识别－准备"两阶段项目VFM定性评价的评价指标、准入条件与评价标准。根据两阶段VFM评价的侧重点的差异,在识别阶段辨识出全生命周期整合程度、风险识别与分配等9项评价指标,并得出9项指标的准入条件及评价标准;在准备阶段,识别出10项评价指标,并在此基础上得出准备阶段指标的准入条件及评价标准。特别提出59分不及格的准入标准及综合评分在60~69分之间为"有条件通过"的设置,推动了VFM的健康、有效评价。本文并以污水处理项目为例,应用专家评估法获得主观权重,在此基础上通过向量相似度法予以修正,获得两阶段定性评价指标的参考权重。

(3) 对VFM定量评价的两个重要参数——折现率和合理利润率进行了选择方法及应用范围的分析。折现率采用无风险利率,理论上是适合的,实践中也较好操作,但非常依赖项目风险评估与评价的合理性与准确性。合理利润率应当充分考虑项目所在行业和地区的一般收益率,区分建设期与运营期对社会资本方合理利润率的取值,仅以商业银行中长期贷款利率为参考可能过于粗糙。计算PPP值中的政府支付方法,讨论了财政部指引法和折现现金流模型法,可知财政部指引法下静态建设期成本及利润的支付额最高,前期支付少,政府后期支付压力逐渐增大;等额本息视角下静态建设期成本及利润的支付额第二高,支付期内支付现金流平缓;等额本金视角下的静态建设期成本及利润的支付额最低,前期支付多,后期支付少,政府前期的压力比较大。各地政府应根据项目特许经营期内预测的经济发展状况和政府财政能力选择合适的支付方式。

（4）通过对PSC法模型的组成与计算的分析,给出了VFM定量评价的可行方法。根据PSC法计算模型,即

$$\mathrm{VFM} = \mathrm{PSC} - \mathrm{PPP}, 或 \mathrm{VFM} = \frac{\mathrm{PSC} - \mathrm{PPP}}{\mathrm{PSC}}$$

确定决定VFM值的PSC值与PPP值的组成项,深入分析了初始PSC值、竞争性中立调整值、保留风险值与转移风险值四项组成内容;研究了PPP值中影子报价的测算、政府投资部分支出与政府保留风险值的组成与测算。在VFM值计算过程中,针对风险量化与分担,在财政部指引给出三种计算方法的基础上进行了深入的探讨,选取情景分析法作为风险量化方法及政企双方之间进行合理分配的方法,尝试性改善现有的简单比例分担法,并在此基础上结合集值统计的原理,为VFM定量评价提供可操作路径。

（5）应用示范项目进行案例分析,在财政部"政府和社会资本合作中心"项目信息库里选取了第三批国家PPP示范项目之一的阜康市西部城区污水处理项目及配套管网PPP项目作为分析对象,对提出的VFM评价方法进行验证。因缺乏项目初期时各项数据,识别阶段只开展了定性评价,准备阶段分别进行了定性与定量评价,结果为该项目通过了VFM评价。待后期该项目进入正常运营期,可以开展运营期的VFM评价,并与现在的结果做对比分析。

## 7.1.2 研究不足

本文从VFM评价体系、VFM定性评价及VFM定量评价等方面对基础设施项目运用PPP模式的VFM评价展开研究,但仍存在一定的局限性,具体如下:

(1) 本文没有对具体的 PPP 模式进行详细分析。对于新建、存量与改扩建项目,根据项目的背景与预实现目标,可以选用的 PPP 模式是不同的,包括 BOT(Build-Operate-Transfer)、BOOT(Build-Own-Operate-Transfer)、BLT(Build-Lease-Transfer)、TOT(Transfer-Operate-Transfer)、DBFO(Design-Build-Finance-Operate)等多种形式,其导致的项目效益与成本组成、利润获取空间、风险损失与等级等都是依据具体项目存在巨大差异的,应在实际情况中针对不同的模式做出相应的调整与变动。

(2) 本文通过案例对两阶段 VFM 评价体系进行验证的过程中,由于统计数据缺乏、获取的资料有限,识别阶段未进行 VFM 定量评价研究,存在一定的局限性。故该模型还需要在实践中不断地改进和完善。据研究显示,目前我国 PPP 项目很多采用打包方式,使得各个项目组成差异很大,因此很难参照类似项目来获取初始 PSC 数值,成本与收入数据也很难从已运营的项目中获得,因为项目公司内部的财务数据都属于公司内部资料,有可能涉及公司商业机密。

(3) 财政部颁发的财金〔2015〕167 号文《PPP 物有所值评价指引(试行)》与财金〔2015〕21 号文《政府和社会资本合作项目财政承受能力论证指引》均已过期失效,目前新的指导文件尚未出台。能否在项目进入运营阶段内开展中期评价和终期评价,如何开展,使 VFM 更能体现全寿命周期的理念,体现 PPP 模式的优势,都还有待期望。由于本文的侧重点是为政府前期决策提供依据,并没有将中期与终期评价纳入 VFM 评价体系,也为今后的研究留下了需要进一步深入和完善空间。

## 7.2　VFM 发展建议

在当前形势下,是否采用 PPP 模式及采用的评判标准各国都有很多争议,突出表现在采用了 PPP 模式是否能真正获得物有所值

(VFM)。海外开展 VFM 评价程序繁复、延长了项目采购时间,国内的 VFM 评价准确性难以确定、运营中发现不适合退出成本过高等,都使得拟采用 PPP 模式的基础设施项目 VFM 评价的研究与实践还有很长的路要走。

基于本文的研究,提出以下几点对策和建议:

(1) 颁布并完善新的指导性文件,完善物有所值评价体系

我国处于 VFM 评价发展初期,政府部门、社会资本和咨询单位都缺乏经验,迫切需要相关政策指导评价的实施。目前财政部的财金〔2015〕167 号文等系列指导文件均处于失效状态,亟须结合近年来 PPP 项目推行中的经验教训出台新的物有所值评价指引文件和其他相关文件。这些指导性文件应与现有法律法规兼容。此外,我国 VFM 实践也应借鉴英、美、加、澳的 VFM 评价流程与采购模式选择,建立全寿命周期内定性与定量评价相结合的 VFM 多阶段评价体系。以双阶段评价为基础,逐步过渡到包含识别期、准备期、采购期、运营期和移交期的多阶段评价,改变我国目前重建设轻运营的理念;制定出科学合理、可操作性强且易于实践的定性与定量评价方法;整合出前后呼应、前期筛选、后期调适的一体化评价体系。

(2) 调整并落实定性指标内容,合理设置定性评价标准

评价指标是 VFM 定性评价的核心内容。我国的 PPP 模式存在与海外模式不同的特点,即将私人资本扩展为社会资本,包含了众多有实力的央企、国企。因此,设置指标时应充分考虑实际情况,使指标内容更符合我国的现状。以交易理论分析可知,基础设施项目采用 PPP 模式的交易成本比传统模式下的交易成本有所增加,是否能获得更大的或外部的效益和效率,与项目在国家或地区经济发展的重要度、紧要度都密切相关。定性指标的设置因此应当考虑到项目不同阶段的差异与项目特点,针对不同阶段和不同行业的定性评价设置不同的评价指标,辅助指标中增设对社会和关联产业有重大影

响的指标。而且在实践中,各评价指标的评价标准的设置也应当结合行业、地区的特点,纳入各方专家意见,保证各指标的评价标准等级划分界限清晰,便于实践操作,确保评价结果可靠。

(3) 提出科学合理的权重确定方法,增加"有条件通过"设置项

通过合理确定指标的权重可以调整各定性指标在整个体系中的重要程度,突出项目某些不易定量测算的社会效益或环境效益,体现基础设施项目的公益性和服务性,因此权重确定是 VFM 定性评价中不可缺少的内容。权重确定方法既要体现科学性又要具有可操作性。我国应当根据政府已建立的项目数据库收集、统计进入运营期的项目的运营数据,结合实践经验和行业特点,给出不同领域内项目指标权重的参考值或测定指标权重的建议方法,应以主客观相结合,使结果符合科学、合理与适用的准则。此外,在定性综合评价结果中,针对 60~69 分的项目增加了"有条件通过"的设置,给处于通过边缘的项目调整、改善的可能,提高定性评价的准确性。

(4) 完善与改进 PPP 项目库,合理确定 VFM 定量评价参数及风险分配方法

PPP 项目的成功经验与失败教训都可为其他项目的 VFM 评价提供有价值的参考。政府及相关机构应完善改进已建的 PPP 项目库,跟踪统计这些项目的真实、动态数据,为 VFM 评价提供准确、丰富的可参考信息。关键参数(折现率和合理利润率)的确定和风险分配方案对 VFM 定量评价的结果影响较大,现有的确定方法过于粗糙,可能导致关键参数确定错误或风险不合理分配,进而扭曲 VFM 评价结果,造成决策失误。基于 PPP 项目库的历史数据可为风险的分配、折现率和合理利润率的选取提供支撑,对实质性推进定量评价有积极作用,避免关键参数简单、划一带来的不合理性以及风险分配方案流于形式。

(5) 考虑行业与地区差异,合理确定定量评价测算方法

不同地区的政府财政能力与市场环境差异较大,对后续 PPP 项

目的实践有着重大的影响。当前,各省市所采用的 VFM 定量评价方法大致相同,且不同行业的特点在测算方法中也尚未充分体现。因此,分行业、地区给出折现率及合理利润率参考值,以及考虑项目特许经营期内不同地区的经济发展状况和政府财政能力差异,以选择合适的风险分配比例和政府支付方式,可以在一定程度上提高 VFM 定量评价测算结果的准确性。

(6) 完善 PPP 项目监督管理机制,加强 VFM 评价的监管和透明度

目前,我国 VFM 评价的实施单位多为咨询机构,但项目前期论证数据粗糙、发起人或有倾向性的指导意见,都可能影响咨询机构评价结果的准确与有效。而且在 PPP 项目的投资决策、招投标过程中也可能存在不正当竞争、腐败以及违法违规等问题,因此有必要建立并完善我国 PPP 项目的监督管理机制。在实践中,VFM 评价需有中立的第三方进行监督与管控,增加评价流程的透明度,使得拟采用 PPP 模式的项目 VFM 评价结果起到真正的筛选作用,保证评价与决策的公平、公正,避免 PPP 项目的不合理立项,减少国家资源的浪费。

PPP 模式本身就是复杂的,又由于政府目标(获取高公共服务质量)和社会资本目标(获取高投资收益率)之间的不一致,在物有所值(VFM)评价中既需要考虑社会与环境效益又需要考虑社会资本方能够获得合理的投资收益,达到多赢的目标。海外 PPP 模式推行得更早,但推进速度较慢,实施的项目数远少于我国的 PPP 项目落地总数。因此在借鉴国际经验和失败教训的同时,依据我国的经济发展态势和法律监管环境,探索具有我国特色的实际可操作的 VFM 评价方法是任重而道远的。VFM 评价始终贯穿于 PPP 项目的全生命周期,设置更加全面可行的 VFM 评价体系,将 VFM 定性评价与定量评价落到实处,杜绝 VFM 评价流于形式,才可能促进 PPP 项目的健康可持续发展。

# 附　　录

## 附录 A　污水处理 PPP 项目 VFM 定性指标准入条件调查问卷

尊敬的专家：

您好！非常感谢您能在百忙之中阅读我们课题组的问卷，参与调查，提供您宝贵的建议。

本研究基于教育部规划基金项目，正在进行污水处理 PPP 项目 VFM 定性评价研究。本文 VFM 评价设定为"识别—准备"两阶段评价体系，故针对识别阶段和准备阶段设定了两阶段的评价标准。评分标准设定为有利（100～81）、基本（80～60）、不利（59～41）、较差（40～21）和最坏（20～0）五个层次。设置评分标准的核心是找出每个指标的准入条件，即重心放在不及格（60 分以下）条件的识别上，在此基础上适当收缩和放宽形成了五个层次的评分标准。故本问卷旨在确定 VFM 定性评价准入条件设置的合理性。

我们郑重承诺本问卷实行匿名制，所有信息只用于本次研究，请您放心填写。再次感谢您的支持与合作！

### 一、您的基本情况

1. 您所在单位的性质：

　　□政府机关

　　□事业单位——高校/研究机构

　　□国有企业

　　□集体企业——混合所有制企业

　　□私有企业

☐三资企业(中外合资/中外合作/外商独资)——咨询单位
☐其他_____

2. 您的工作领域(可多选):

☐财经类

☐技术类

☐法务类

☐(项目)管理类

3. 您的工作年限:

☐0~5年

☐5~10年

☐10年以上

## 二、识别阶段 VFM 定性评价准入条件调查

4. 识别阶段全生命周期整合程度准入条件(多选)

☐预期项目 PPP 合同包含运营期(实施方案选用的具体模式包含运营阶段)

☐项目的供给期间与项目的技术生命周期匹配(污水处理项目的技术生命周期大于项目服务周期)

☐项目各阶段参与主体及责任边界明确(实施方案对政府方和社会资本方的责任义务划分清晰合理)

☐有合理的退出机制(实施方案对社会资本方退出项目有明确、可行规定,包括对项目失败后的处理措施等)

☐其他_____

5. 识别阶段风险识别与分配准入条件(多选)

☐已对项目进行风险识别(实施方案中列出系统全面的风险识别表)

☐具备对风险进行科学合理量化的能力(政府实施机构或委托咨询机构有过 PPP 项目经验)

☐绝大多数风险或全部主要风险将在政府和社会资本方之间明确

分配(经充分定性与定量分析,表明已识别的风险能够在政府和社会资本之间明确合理分配)

☐其他_____

6. 识别阶段绩效导向与鼓励创新准入条件(多选)

☐产出规格要求内容清晰、可测量(实施方案对产出规格有详细界定和说明)

☐绩效指标与项目设计目的相匹配(关键绩效指标诸如COD、SS、污水处理量、污水处理率等的设置清晰、可测量,且不得低于设计标准)

☐绩效考核与付费机制挂钩(可用性付费与绩效挂钩程度不低于30%,运维绩效付费与绩效100%挂钩,且满足实施机构提出的要求)

☐其他_____

7. 识别阶段潜在竞争程度准入条件(多选)

☐项目引起社会资本之间的竞争潜力大(有超过3家有实力且信誉好的社会资本或联合体参与项目推介会)

☐有后续提高竞争程度的潜力(通过给予政策优惠等方式)

☐其他_____

8. 识别阶段政府机构能力准入条件(多选)

☐政府具备全面、清晰的PPP理念(有参与PPP项目的经历)

☐已组建PPP工作小组、设立项目的实施机构

☐预期政府能守住财政支出责任红线(PPP项目支出责任占一般公共预算支出比例不超过10%)

☐能建立公平开放的市场规则、推动及时信息公开

☐其他_____

9. 识别阶段可融资性准入条件(多选)

☐项目对金融机构有很大吸引力(有多家实力雄厚的金融机构参与项目推介会,并表现出有提供资金的意愿)

□预期能取得与项目生命周期匹配的贷款（贷款时间与项目生命周期匹配，且融资成本合理可控）

   □预期能采用多种融资方式（如商业银行贷款、信托、基金等方式）

   □其他＿＿＿＿＿＿＿＿＿＿＿＿＿＿＿＿＿＿＿＿＿

10. 识别阶段社会效益准入条件（多选）

    □实施方案中有对社会效益的分析

    □经分析表明，项目具有良好的社会效益

    □其他＿＿＿＿＿＿＿＿＿＿＿＿＿＿＿＿＿＿＿＿＿

11. 识别阶段环境效益准入条件（多选）

    □实施方案中有对环境效益的分析

    □经分析表明，项目具有良好的环境效益

    □其他＿＿＿＿＿＿＿＿＿＿＿＿＿＿＿＿＿＿＿＿＿

12. 识别阶段全生命周期成本测算准确性准入条件（多选）

    □测算原始数据齐全且真实有效

    □成本被准确预估的程度和可能性高（采用正确、透明的成本测算方法）

    □政府方、社会资本方及被委托咨询机构对全生命周期成本各组成部分的理解准确程度高（各方都有过PPP项目的经验）

    □其他＿＿＿＿＿＿＿＿＿＿＿＿＿＿＿＿＿＿＿＿＿

13. 识别阶段项目规模准入条件（单选）

    □新建项目的投资额或存量项目公允值介于5 000万元到1亿元之间

    □新建项目的投资额或存量项目公允值介于1亿元到2亿元之间

    □新建项目的投资额或存量项目公允值介于2亿元到5亿元之间

    □新建项目的投资额或存量项目公允值介于5亿元到10亿元之间

☐新建项目的投资额或存量项目公允值在 10 亿元以上
　　☐不设置项目规模限制
14. 识别阶段预期使用寿命准入条件（单选）
　　☐资产的预期使用寿命大于 40 年
　　☐资产的预期使用寿命大于 30 年
　　☐资产的预期使用寿命大于 20 年
　　☐资产的预期使用寿命大于 10 年
　　☐资产的预期使用寿命小于 10 年

### 三、准备阶段 VFM 定性评价准入条件调查

15. 准备阶段全生命周期整合程度准入条件（多选）
　　☐预期项目 PPP 合同中包含运营期（实施方案、招投标文件选用的具体模式包含运营阶段）
　　☐项目的供给期间与项目的技术生命周期匹配（污水处理项目的技术生命周期大于项目服务周期）
　　☐项目各阶段参与主体及责任边界明确（实施方案、招投标文件对政府方和社会资本方的责任义务划分清晰合理）
　　☐有合理的退出机制（实施方案、招投标文件对社会资本方退出项目有明确、可行规定，包括对项目失败后的处理措施等）
　　☐其他_____
16. 准备阶段风险识别与分配准入条件（多选）
　　☐已对项目进行风险识别（实施方案、投标文件中列出系统全面的风险识别表）
　　☐具备对风险进行科学合理量化的能力（政府实施机构、投标人、委托咨询机构有过 PPP 项目经验）
　　☐绝大多数风险或全部主要风险将在政府和社会资本方之间明确分配（经充分定性与定量分析，表明已识别的风险能够在政府和社会资本之间明确合理分配）
　　☐政企双方具有较强的风险管理能力（政府方设定了合理调价机

制;社会资本方提交的投标文件有合理的设计来转移部分风险,如购买保险)

☐其他＿＿＿＿＿＿＿＿＿＿＿＿＿＿＿＿＿＿＿

17. 准备阶段绩效导向与鼓励创新准入条件(多选)

☐产出规格要求内容清晰、可测量(实施方案对产出规格有详细界定和说明)

☐绩效指标与项目设计目的相匹配(关键绩效指标诸如 COD、SS、污水处理量、污水处理率等的设置清晰、可测量,且不得低于设计标准)

☐绩效考核与付费机制挂钩(可用性付费与绩效挂钩程度不低于30%,运维绩效付费与绩效 100%挂钩,且满足实施机构提出的要求)

☐其他＿＿＿＿＿＿＿＿＿＿＿＿＿＿＿＿＿＿＿

18. 准备阶段潜在竞争程度准入条件(多选)

☐项目引起社会资本之间的竞争潜力大(至少有 3 家社会资本或联合体参与投标)

☐社会资本方利润空间合理

☐社会资本方不存在恶性竞争(社会资本方测算内部收益率接近于行业平均水平)

☐其他＿＿＿＿＿＿＿＿＿＿＿＿＿＿＿＿＿＿＿

19. 准备阶段政府机构能力准入条件(多选)

☐政府具备全面、清晰的 PPP 理念(有参与 PPP 项目的经历)

☐已组建 PPP 工作小组、设立项目的实施机构

☐采用合理采购方式(仅限公开招标、邀请招标、竞争性谈判、竞争性磋商、单一来源采购之一)

☐预期政府能守住财政支出责任红线(PPP 项目支出责任占一般公共预算支出比例不超过 10%)

☐能建立公平开放的市场规则、推动及时信息公开

□其他_____

20. 准备阶段可融资性准入条件（多选）

    □项目对金融机构有很大吸引力（投标文件中的财务报表显示现金稳定、充足、可测）

    □有效进行多种融资的潜力大（投标文件中获取融资渠道的方案合理可行）

    □提出可行的增强落实项目的措施（如合理使用收费权质押、应收账款质押、特许经营收益权质押等融资担保业务）

    □其他_____

21. 准备阶段全生命周期成本测算准确性准入条件（多选）

    □测算原始数据齐全且真实有效

    □成本被准确预估的程度和可能性高（采用正确、透明的成本测算方法）

    □政府方、社会资本方及被委托咨询机构对全生命周期成本各组成部分的理解准确程度高（各方都有过PPP项目的经验）

    □其他_____

22. 准备阶段项目规模准入条件（单选）

    □新建项目的投资额或存量项目公允值介于5 000万元到1亿元之间

    □新建项目的投资额或存量项目公允值介于1亿元到2亿元之间

    □新建项目的投资额或存量项目公允值介于2亿元到5亿元之间

    □新建项目的投资额或存量项目公允值介于5亿元到10亿元之间

    □新建项目的投资额或存量项目公允值在10亿元以上

    □不设置项目规模限制

23. 准备阶段预期使用寿命准入条件（单选）

☐ 资产的预期使用寿命大于 40 年
☐ 资产的预期使用寿命大于 30 年
☐ 资产的预期使用寿命大于 20 年
☐ 资产的预期使用寿命大于 10 年
☐ 资产的预期使用寿命小于 10 年

# 附录 B  VFM 定性评价权重设置及专家打分调查表

附表 B-1  识别阶段 VFM 定性评价权重设置及专家打分表

| 指标 | | 指标权重 | 指标得分 |
|---|---|---|---|
| 基本指标 | 全生命周期整合程度 | | |
| | 风险识别与分配 | | |
| | 绩效导向与鼓励创新 | | |
| | 潜在竞争程度 | | |
| | 政府机构能力 | | |
| | 可融资性 | | |
| 附加指标 | 社会效益 | | |
| | 环境效益 | | |
| | 预期使用寿命 | | |

附表 B-2  准备阶段 VFM 定性评价权重设置及专家打分表

| 指标 | | 指标权重 | 指标得分 |
|---|---|---|---|
| 基本指标 | 全生命周期整合程度 | | |
| | 风险识别与分配 | | |
| | 绩效导向与鼓励创新 | | |
| | 潜在竞争程度 | | |
| | 政府机构能力 | | |
| | 可融资性 | | |
| 附加指标 | 预期使用寿命 | | |
| | 全生命周期成本测算准确性 | | |
| 加分指标 | 社会效益 | — | |
| | 环境效益 | — | |

## 附录C 案例分析专家信息表

| 姓名 | 单位名称 | 单位性质 | 研究领域 |
|---|---|---|---|
| 曾× | 和× | 咨询机构 | PPP |
| 牛×× | 和× | 咨询机构 | PPP |
| 周×× | 捷× | 咨询机构 | PPP |
| 赵× | 中国建× | 国企 | PPP |
| 张× | 甘肃×建 | 国企 | 项目管理 |

# 附录 D  识别阶段 VFM 定性评价权重设置及专家打分原始数据

| 专家 | 指标 | | 指标权重 | 指标得分 |
|---|---|---|---|---|
| 专家 1 | 基本指标 | 全生命周期整合程度 | 15% | 80 |
| | | 风险识别与分配 | 15% | 82 |
| | | 绩效导向与鼓励创新 | 10% | 85 |
| | | 潜在竞争程度 | 10% | 70 |
| | | 政府机构能力 | 15% | 85 |
| | | 可融资性 | 10% | 88 |
| | 附加指标 | 社会效益 | 10% | 79 |
| | | 环境效益 | 10% | 89 |
| | | 预期使用寿命 | 5% | 86 |
| 专家 2 | 基本指标 | 全生命周期整合程度 | 20% | 85 |
| | | 风险识别与分配 | 15% | 77 |
| | | 绩效导向与鼓励创新 | 10% | 82 |
| | | 潜在竞争程度 | 10% | 79 |
| | | 政府机构能力 | 10% | 88 |
| | | 可融资性 | 10% | 90 |
| | 附加指标 | 社会效益 | 10% | 85 |
| | | 环境效益 | 10% | 85 |
| | | 预期使用寿命 | 5% | 80 |
| 专家 3 | 基本指标 | 全生命周期整合程度 | 10% | 79 |
| | | 风险识别与分配 | 20% | 80 |
| | | 绩效导向与鼓励创新 | 10% | 78 |
| | | 潜在竞争程度 | 10% | 75 |
| | | 政府机构能力 | 10% | 84 |
| | | 可融资性 | 10% | 80 |
| | 附加指标 | 社会效益 | 10% | 70 |
| | | 环境效益 | 10% | 80 |
| | | 预期使用寿命 | 10% | 88 |

(续表)

| 专家 | 指标 | | 指标权重 | 指标得分 |
|---|---|---|---|---|
| 专家4 | 基本指标 | 全生命周期整合程度 | 15% | 83 |
| | | 风险识别与分配 | 15% | 75 |
| | | 绩效导向与鼓励创新 | 15% | 88 |
| | | 潜在竞争程度 | 15% | 83 |
| | | 政府机构能力 | 15% | 90 |
| | | 可融资性 | 10% | 85 |
| | 附加指标 | 社会效益 | 5% | 80 |
| | | 环境效益 | 5% | 90 |
| | | 预期使用寿命 | 5% | 90 |
| 专家5 | 基本指标 | 全生命周期整合程度 | 20% | 86 |
| | | 风险识别与分配 | 10% | 70 |
| | | 绩效导向与鼓励创新 | 10% | 75 |
| | | 潜在竞争程度 | 10% | 78 |
| | | 政府机构能力 | 15% | 87 |
| | | 可融资性 | 10% | 80 |
| | 附加指标 | 社会效益 | 10% | 88 |
| | | 环境效益 | 10% | 86 |
| | | 预期使用寿命 | 5% | 79 |

# 附录 E　准备阶段 VFM 定性评价权重设置及专家打分原始数据

| 专家 | | 指标 | 指标权重 | 指标得分 |
|---|---|---|---|---|
| 专家1 | 基本指标 | 全生命周期整合程度 | 15% | 79 |
| | | 风险识别与分配 | 20% | 81 |
| | | 绩效导向与鼓励创新 | 10% | 70 |
| | | 潜在竞争程度 | 10% | 75 |
| | | 政府机构能力 | 15% | 85 |
| | | 可融资性 | 15% | 78 |
| | 附加指标 | 预期使用寿命 | 5% | 87 |
| | | 全生命周期成本测算准确性 | 10% | 85 |
| | 加分指标 | 社会效益 | — | 1 |
| | | 环境效益 | — | 2 |
| 专家2 | 基本指标 | 全生命周期整合程度 | 15% | 85 |
| | | 风险识别与分配 | 15% | 75 |
| | | 绩效导向与鼓励创新 | 15% | 81 |
| | | 潜在竞争程度 | 10% | 70 |
| | | 政府机构能力 | 15% | 75 |
| | | 可融资性 | 10% | 85 |
| | 附加指标 | 预期使用寿命 | 10% | 81 |
| | | 全生命周期成本测算准确性 | 10% | 89 |
| | 加分指标 | 社会效益 | — | 0 |
| | | 环境效益 | — | 3 |

（续表）

| 专家 | 指标 | | 指标权重 | 指标得分 |
|---|---|---|---|---|
| 专家3 | 基本指标 | 全生命周期整合程度 | 20% | 80 |
| | | 风险识别与分配 | 20% | 82 |
| | | 绩效导向与鼓励创新 | 15% | 78 |
| | | 潜在竞争程度 | 10% | 77 |
| | | 政府机构能力 | 10% | 85 |
| | | 可融资性 | 15% | 86 |
| | 附加指标 | 预期使用寿命 | 5% | 84 |
| | | 全生命周期成本测算准确性 | 5% | 83 |
| | 加分指标 | 社会效益 | — | 1 |
| | | 环境效益 | — | 1 |
| 专家4 | 基本指标 | 全生命周期整合程度 | 15% | 75 |
| | | 风险识别与分配 | 15% | 77 |
| | | 绩效导向与鼓励创新 | 15% | 75 |
| | | 潜在竞争程度 | 5% | 79 |
| | | 政府机构能力 | 15% | 80 |
| | | 可融资性 | 15% | 88 |
| | 附加指标 | 预期使用寿命 | 10% | 86 |
| | | 全生命周期成本测算准确性 | 10% | 88 |
| | 加分指标 | 社会效益 | — | 2 |
| | | 环境效益 | — | 2 |
| 专家5 | 基本指标 | 全生命周期整合程度 | 10% | 81 |
| | | 风险识别与分配 | 20% | 80 |
| | | 绩效导向与鼓励创新 | 15% | 83 |
| | | 潜在竞争程度 | 15% | 75 |
| | | 政府机构能力 | 15% | 77 |
| | | 可融资性 | 10% | 85 |
| | 附加指标 | 预期使用寿命 | 5% | 89 |
| | | 全生命周期成本测算准确性 | 10% | 79 |
| | 加分指标 | 社会效益 | — | 1 |
| | | 环境效益 | — | 2 |

## 附录F 阜康市西部城区污水处理厂及配套管网工程PPP项目运营成本计算表

单位:万元

| 序号 | 项目 | 年份 | | | | | |
|---|---|---|---|---|---|---|---|
| | | 2018 | 2019 | 2020 | 2021 | 2022 | 2023 |
| 1 | 物料消耗(药剂) | 54.31 | 58.69 | 63.08 | 67.45 | 71.84 | 76.21 |
| 1.1 | 聚丙烯酰胺(PAM) | 13.58 | 14.67 | 15.77 | 16.86 | 17.96 | 19.05 |
| 1.2 | 聚合铝(PAC) | 27.16 | 29.35 | 31.54 | 33.73 | 35.92 | 38.11 |
| 1.3 | 次氯酸钠 | 9.50 | 10.27 | 11.04 | 11.8 | 12.57 | 13.34 |
| 1.4 | 柠檬酸 | 4.07 | 4.40 | 4.73 | 5.06 | 5.39 | 5.71 |
| 2 | 动力费 | 320.01 | 336.93 | 353.85 | 370.78 | 387.7 | 404.62 |
| 3 | 电费 | 201.03 | 216.49 | 231.95 | 247.42 | 262.88 | 278.34 |
| 4 | 膜更换费 | 100 | 100 | 100 | 100 | 100 | 100 |
| 5 | 污泥处理费 | 18.98 | 20.44 | 21.90 | 23.36 | 24.82 | 26.28 |
| 6 | 职工薪酬 | 69 | 69 | 69 | 69 | 69 | 69 |
| 7 | 修理费 | 438.68 | 438.68 | 438.68 | 438.68 | 438.68 | 438.68 |
| 8 | 其他费用 | 72.76 | 78.36 | 83.96 | 89.55 | 95.15 | 100.75 |
| | 运营成本(1+2+3+4+5+6+7+8) | 1 274.77 | 1 318.59 | 1 362.42 | 1 406.24 | 1 450.07 | 1 493.88 |
| 9 | 财务费用 | 0.00 | 0.00 | 0.00 | 0.00 | 0.00 | 0.00 |
| 10 | 折旧 | 448.29 | 448.29 | 448.29 | 448.29 | 448.29 | 448.29 |
| | 运营期成本 | 1 723.06 | 1 766.88 | 1 810.71 | 1 854.53 | 1 898.36 | 1 942.17 |
| 序号 | 项目 | 年份 | | | | | |
| | | 2024 | 2025 | 2026 | 2027 | 2028 | 2029 |
| 1 | 物料消耗(药剂) | 80.59 | 84.97 | 87.60 | 87.60 | 87.60 | 87.60 |
| 1.1 | 聚丙烯酰胺(PAM) | 20.15 | 21.24 | 21.90 | 21.90 | 21.90 | 21.90 |
| 1.2 | 聚合铝(PAC) | 40.30 | 42.49 | 43.80 | 43.80 | 43.80 | 43.80 |
| 1.3 | 次氯酸钠 | 14.1 | 14.87 | 15.33 | 15.33 | 15.33 | 15.33 |
| 1.4 | 柠檬酸 | 6.04 | 6.37 | 6.57 | 6.57 | 6.57 | 6.57 |
| 2 | 动力费 | 421.55 | 438.47 | 438.47 | 438.47 | 438.47 | 438.47 |

(续表)

| 序号 | 项目 | 年份 | | | | | |
|---|---|---|---|---|---|---|---|
| | | 2024 | 2025 | 2026 | 2027 | 2028 | 2029 |
| 3 | 电费 | 293.81 | 309.27 | 309.27 | 309.27 | 309.27 | 309.27 |
| 4 | 膜更换费 | 100 | 100 | 100 | 100 | 100 | 100 |
| 5 | 污泥处理费 | 27.74 | 29.20 | 29.20 | 29.20 | 29.20 | 29.20 |
| 6 | 职工薪酬 | 69 | 69 | 69 | 69 | 69 | 69 |
| 7 | 修理费 | 438.68 | 438.68 | 438.68 | 438.68 | 438.68 | 438.68 |
| 8 | 其他费用 | 106.34 | 111.94 | 111.94 | 111.94 | 111.94 | 111.94 |
| | 运营成本(1+2+3+4+5+6+7+8) | 1 537.71 | 1 581.53 | 1 584.16 | 1 584.16 | 1 584.16 | 1 584.16 |
| 9 | 财务费用 | 0.00 | 0.00 | 0.00 | 0.00 | 0.00 | 0.00 |
| 10 | 折旧 | 448.29 | 448.29 | 448.29 | 448.29 | 448.29 | 448.29 |
| | 运营期成本 | 1 986.00 | 2 029.82 | 2 032.45 | 2 032.45 | 2 032.45 | 2 032.45 |

| 序号 | 项目 | 年份 | | | | | |
|---|---|---|---|---|---|---|---|
| | | 2030 | 2031 | 2032 | 2033 | 2034 | 2035 |
| 1 | 物料消耗(药剂) | 87.60 | 87.60 | 87.60 | 87.60 | 87.60 | 87.60 |
| 1.1 | 聚丙烯酰胺(PAM) | 21.90 | 21.90 | 21.90 | 21.90 | 21.90 | 21.90 |
| 1.2 | 聚合铝(PAC) | 43.80 | 43.80 | 43.80 | 43.80 | 43.80 | 43.80 |
| 1.3 | 次氯酸钠 | 15.33 | 15.33 | 15.33 | 15.33 | 15.33 | 15.33 |
| 1.4 | 柠檬酸 | 6.57 | 6.57 | 6.57 | 6.57 | 6.57 | 6.57 |
| 2 | 动力费 | 438.47 | 438.47 | 438.47 | 438.47 | 438.47 | 438.47 |
| 3 | 电费 | 309.27 | 309.27 | 309.27 | 309.27 | 309.27 | 309.27 |
| 4 | 膜更换费 | 100 | 100 | 100 | 100 | 100 | 100 |
| 5 | 污泥处理费 | 29.20 | 29.20 | 29.20 | 29.20 | 29.20 | 29.20 |
| 6 | 职工薪酬 | 69 | 69 | 69 | 69 | 69 | 69 |
| 7 | 修理费 | 438.68 | 438.68 | 438.68 | 438.68 | 438.68 | 438.68 |
| 8 | 其他费用 | 111.94 | 111.94 | 111.94 | 111.94 | 111.94 | 111.94 |
| | 运营成本(1+2+3+4+5+6+7+8) | 1 584.16 | 1 584.16 | 1 584.16 | 1 584.16 | 1 584.16 | 1 584.16 |
| 9 | 财务费用 | 0.00 | 0.00 | 0.00 | 0.00 | 0.00 | 0.00 |
| 10 | 折旧 | 448.29 | 448.29 | 448.29 | 448.29 | 448.29 | 448.29 |
| | 运营期成本 | 2 032.45 | 2 032.45 | 2 032.45 | 2 032.45 | 2 032.45 | 2 032.45 |

(续表)

| 序号 | 项目 | 年份 | | | | | |
|---|---|---|---|---|---|---|---|
| | | 2036 | 2037 | 2038 | 2039 | 2040 | 2041 |
| 1 | 物料消耗(药剂) | 87.60 | 87.60 | 87.60 | 87.60 | 87.60 | 87.60 |
| 1.1 | 聚丙烯酰胺(PAM) | 21.90 | 21.90 | 21.90 | 21.90 | 21.90 | 21.90 |
| 1.2 | 聚合铝(PAC) | 43.80 | 43.80 | 43.80 | 43.80 | 43.80 | 43.80 |
| 1.3 | 次氯酸钠 | 15.33 | 15.33 | 15.33 | 15.33 | 15.33 | 15.33 |
| 1.4 | 柠檬酸 | 6.57 | 6.57 | 6.57 | 6.57 | 6.57 | 6.57 |
| 2 | 动力费 | 438.47 | 438.47 | 438.47 | 438.47 | 438.47 | 438.47 |
| 3 | 电费 | 309.27 | 309.27 | 309.27 | 309.27 | 309.27 | 309.27 |
| 4 | 膜更换费 | 100 | 100 | 100 | 100 | 100 | 100 |
| 5 | 污泥处理费 | 29.20 | 29.20 | 29.20 | 29.20 | 29.20 | 29.20 |
| 6 | 职工薪酬 | 69 | 69 | 69 | 69 | 69 | 69 |
| 7 | 修理费 | 438.68 | 438.68 | 438.68 | 438.68 | 438.68 | 438.68 |
| 8 | 其他费用 | 111.94 | 111.94 | 111.94 | 111.94 | 111.94 | 111.94 |
| | 运营成本(1+2+3+4+5+6+7+8) | 1 584.16 | 1 584.16 | 1 584.16 | 1 584.16 | 1 584.16 | 1 584.16 |
| 9 | 财务费用 | 0.00 | 0.00 | 0.00 | 0.00 | 0.00 | 0.00 |
| 10 | 折旧 | 448.29 | 448.29 | 448.29 | 448.29 | 448.29 | 448.29 |
| | 运营期成本 | 2 032.45 | 2 032.45 | 2 032.45 | 2 032.45 | 2 032.45 | 2 032.45 |

| 序号 | 项目 | 年份 | | | | | |
|---|---|---|---|---|---|---|---|
| | | 2042 | | | | | |
| 1 | 物料消耗(药剂) | 87.60 | | | | | |
| 1.1 | 聚丙烯酰胺(PAM) | 21.90 | | | | | |
| 1.2 | 聚合铝(PAC) | 43.80 | | | | | |
| 1.3 | 次氯酸钠 | 15.33 | | | | | |
| 1.4 | 柠檬酸 | 6.57 | | | | | |
| 2 | 动力费 | 438.47 | | | | | |
| 3 | 电费 | 309.27 | | | | | |
| 4 | 膜更换费 | 100 | | | | | |
| 5 | 污泥处理费 | 29.20 | | | | | |

(续表)

| 序号 | 项目 | 年份 | | | | | |
|---|---|---|---|---|---|---|---|
| | | 2042 | | | | | |
| 6 | 职工薪酬 | 69 | | | | | |
| 7 | 修理费 | 438.68 | | | | | |
| 8 | 其他费用 | 111.94 | | | | | |
| | 运营成本<br>(1+2+3+4+5+6+7+8) | 1 584.16 | | | | | |
| 9 | 财务费用 | 0.00 | | | | | |
| 10 | 折旧 | 448.29 | | | | | |
| | 运营期成本 | 2 032.45 | | | | | |

# 附录 G  阜康市西部城区污水处理厂及配套管网工程 PPP 项目风险概率及风险分配调查问卷

尊敬的专家：

您好！非常感谢您对我们课题研究的支持,感谢您参与调查并提供您宝贵的建议。

我们课题组隶属于东南大学土木工程学院建设与房地产系,正在进行教育部规划基金"基础设施项目 PPP 模式物有所值(VFM)两阶段评价体系研究"(15YJAZH012)项目的科研工作,在 VFM 定量评价部分,涉及对风险的量化及分配的分析,因此,进行本次调查。

说明:本次调查旨在获取专家对各风险后果情景发生概率的估值区间及风险在政府方与社会资本方之间的分配情况。本文采用情景分析法对风险进行分析,将风险后果划分为五种情景,即有利、基本、不利、较差、最坏五种情景,并按照各个风险的风险后果超出或少于计算基数的比例值进行界定,如附表 G-1 所示。

附表 G-1  风险后果情景界定

| 风险后果情景 | 情景描述 |
| --- | --- |
| 有利 | 少于计算基数 5% 以上 |
| 基本 | 少于计算基数 5%～超出计算基数 5% |
| 不利 | 超出计算基数 5%～超出计算基数 15% |
| 较差 | 超出计算基数 15%～超出计算基数 25% |
| 最坏 | 超出计算基数 25% 以上 |

不同情景下风险发生的概率不同,请您根据自身的经验,对某一特定风险的五种情景发生的概率给出一个大致的范围,即提供一个概率区间值。例如项目融资风险,假设处于有利情景下的概率区间为[10,15],处于基本情景下的概率区间值为[70,80],处于不利情景下的概率区间为[15,20],处于较差情景下的概率区间为[2,6],处于最坏情景下的概率区间为[0,1],概率区间两个边界的数值越接近于

100,表明该情景发生的概率越大。若您觉得某一风险不可量化,可注明不可量化。

本项目的风险分担采用专家打分法,风险全部由政府承担,打 1 分;风险主要由政府承担,打 2 分;风险由政府和社会资本均摊,打 3 分;风险主要由社会资本承担,打 4 分;风险全部由社会资本承担,打 5 分,见附图 G-1。

**附图 G-1 PPP 项目风险分担分值设置**

另外,本问卷实行匿名制,所有数据只用于本次研究统计分析,请您放心填写。再次感谢您的支持与合作!污水处理 PPP 项目风险概率估计及风险分配调查表见附表 G-2。

**附表 G-2 污水处理 PPP 项目风险概率估计及风险分配调查表**

| 阶段 | 风险项目 | 有利 | 基本 | 不利 | 较差 | 最坏 | 风险分担分值 |
|---|---|---|---|---|---|---|---|
| 前期阶段风险 | 项目立项风险 | [,] | [,] | [,] | [,] | [,] | |
| | 项目审批延误风险 | [,] | [,] | [,] | [,] | [,] | |
| | 勘察设计缺陷风险 | [,] | [,] | [,] | [,] | [,] | |
| | 项目招投标风险 | [,] | [,] | [,] | [,] | [,] | |
| | 项目谈判风险 | [,] | [,] | [,] | [,] | [,] | |
| | 项目规划风险 | [,] | [,] | [,] | [,] | [,] | |
| | 土地征用风险 | [,] | [,] | [,] | [,] | [,] | |
| | 项目融资风险 | [,] | [,] | [,] | [,] | [,] | |
| 建设阶段风险 | 不良地质条件 | [,] | [,] | [,] | [,] | [,] | |
| | 建设材料供应商选择风险 | [,] | [,] | [,] | [,] | [,] | |
| | 监理选择风险 | [,] | [,] | [,] | [,] | [,] | |
| | 项目成本超支风险 | [,] | [,] | [,] | [,] | [,] | |
| | 分包商的选择风险 | [,] | [,] | [,] | [,] | [,] | |

(续表)

| 阶段 | 风险项目 | 有利 | 基本 | 不利 | 较差 | 最坏 | 风险分担分值 |
|---|---|---|---|---|---|---|---|
| 建设阶段风险 | 完工风险 | [,] | [,] | [,] | [,] | [,] | |
| | 施工技术风险 | [,] | [,] | [,] | [,] | [,] | |
| | 施工安全事故风险 | [,] | [,] | [,] | [,] | [,] | |
| | 工程质量风险 | [,] | [,] | [,] | [,] | [,] | |
| | 设备供应商选择风险 | [,] | [,] | [,] | [,] | [,] | |
| | 组织协调风险 | [,] | [,] | [,] | [,] | [,] | |
| 运营阶段风险 | 外汇风险 | [,] | [,] | [,] | [,] | [,] | |
| | 进水水质风险 | [,] | [,] | [,] | [,] | [,] | |
| | 进水量风险 | [,] | [,] | [,] | [,] | [,] | |
| | 配套管网完善风险 | [,] | [,] | [,] | [,] | [,] | |
| | 运营能力欠缺风险 | [,] | [,] | [,] | [,] | [,] | |
| | 环境标准变化风险 | [,] | [,] | [,] | [,] | [,] | |
| | 能源供应和价格变化风险 | [,] | [,] | [,] | [,] | [,] | |
| | 原材料价格变化风险 | [,] | [,] | [,] | [,] | [,] | |
| | 收费困难风险 | [,] | [,] | [,] | [,] | [,] | |
| | 员工工资风险 | [,] | [,] | [,] | [,] | [,] | |
| | 竞争性风险 | [,] | [,] | [,] | [,] | [,] | |
| 实施周期风险 | 合同风险 | [,] | [,] | [,] | [,] | [,] | |
| | 不可抗力风险 | [,] | [,] | [,] | [,] | [,] | |
| | 政策稳定性风险 | [,] | [,] | [,] | [,] | [,] | |
| | 社会环境风险 | [,] | [,] | [,] | [,] | [,] | |
| | 通货膨胀风险 | [,] | [,] | [,] | [,] | [,] | |
| | 利率风险 | [,] | [,] | [,] | [,] | [,] | |
| | 政府干预风险 | [,] | [,] | [,] | [,] | [,] | |
| | 第三方侵权风险 | [,] | [,] | [,] | [,] | [,] | |
| | 政府人员腐败 | [,] | [,] | [,] | [,] | [,] | |
| | 公众反对风险 | [,] | [,] | [,] | [,] | [,] | |
| | 政府信用 | [,] | [,] | [,] | [,] | [,] | |

# 附录 H 阜康市西部城区污水处理厂及配套管网工程 PPP 项目风险概率及风险分配调查问卷原始数据

附表 H-1 专家调查表 1

| 阶段 | 风险项目 | 有利 | 基本 | 不利 | 较差 | 最坏 | 风险分担分值 |
|---|---|---|---|---|---|---|---|
| 前期阶段风险 | 项目立项风险 | [20,30] | [60,70] | [5,15] | [0,10] | [1,10] | 2 |
| | 项目审批延误风险 | [15,20] | [60,70] | [5,10] | [5,10] | [1,5] | 4 |
| | 勘察设计缺陷风险 | [20,25] | [50,70] | [1,5] | [1,5] | [0,10] | 4 |
| | 项目招投标风险 | [15,20] | [70,75] | [5,15] | [1,5] | [5,15] | 1 |
| | 项目谈判风险 | [20,30] | [70,75] | [5,10] | [5,10] | [5,10] | 3 |
| | 项目规划风险 | [25,30] | [70,80] | [5,10] | [1,5] | [0,10] | 3 |
| | 土地征用风险 | [10,15] | [50,65] | [2,5] | [5,7] | [0,5] | 1 |
| | 项目融资风险 | [20,35] | [70,85] | [10,15] | [5,10] | [1,15] | 4 |
| 建设阶段风险 | 不良地质条件 | [20,35] | [70,80] | [5,10] | [5,10] | [1,5] | 4 |
| | 建设材料供应商选择风险 | [40,45] | [50,60] | [5,10] | [1,5] | [5,10] | 4 |
| | 监理选择风险 | [30,45] | [50,55] | [5,10] | [5,15] | [5,15] | 4 |
| | 项目成本超支风险 | [15,30] | [50,70] | [5,15] | [5,10] | [5,10] | 5 |
| | 分包商的选择风险 | [36,40] | [70,80] | [5,15] | [1,5] | [0,10] | 5 |
| | 完工风险 | [20,25] | [50,60] | [10,15] | [1,10] | [5,10] | 5 |
| | 施工技术风险 | [20,30] | [75,80] | [5,10] | [1,5] | [0,5] | 5 |
| | 施工安全事故风险 | [20,30] | [75,85] | [5,10] | [5,10] | [0,1] | 5 |
| | 工程质量风险 | [30,40] | [55,65] | [5,10] | [5,15] | [1,10] | 5 |
| | 设备供应商选择风险 | [20,35] | [50,60] | [1,10] | [1,6] | [5,10] | 5 |
| | 组织协调风险 | [30,40] | [50,60] | [5,10] | [1,15] | [1,5] | 4 |
| 运营阶段风险 | 外汇风险 | [15,25] | [85,90] | [1,5] | [1,3] | [0,2] | 2 |
| | 进水水质风险 | [20,35] | [60,70] | [5,10] | [10,20] | [5,10] | 4 |
| | 进水量风险 | [10,15] | [65,75] | [5,10] | [1,5] | [5,10] | 4 |
| | 配套管网完善风险 | [5,10] | [50,55] | [5,7] | [5,10] | [1,5] | 4 |
| | 运营能力欠缺风险 | [30,35] | [55,76] | [1,15] | [5,10] | [5,10] | 5 |
| | 环境标准变化风险 | [30,40] | [70,85] | [5,10] | [1,5] | [1,5] | 3 |

(续表)

| 阶段 | 风险项目 | 有利 | 基本 | 不利 | 较差 | 最坏 | 风险分担分值 |
|---|---|---|---|---|---|---|---|
| 运营阶段风险 | 能源供应和价格变化风险 | [20,30] | [60,80] | [5,10] | [1,5] | [0,5] | 3 |
| | 原材料价格变化风险 | [20,30] | [70,80] | [10,15] | [1,5] | [0,6] | 3 |
| | 收费困难风险 | [10,14] | [60,70] | [5,10] | [5,10] | [1,10] | 2 |
| | 员工工资风险 | [10,25] | [76,86] | [1,5] | [5,10] | [1,10] | 5 |
| | 竞争性风险 | [15,25] | [50,70] | [5,10] | [5,10] | [1,5] | 2 |
| 实施周期风险 | 合同风险 | [15,20] | [60,65] | [5,10] | [5,10] | [1,5] | 3 |
| | 不可抗力风险 | [1,5] | [60,70] | [5,10] | [0,5] | [0,5] | 3 |
| | 政策稳定性风险 | [15,20] | [80,90] | [5,10] | [0,5] | [0,5] | 1 |
| | 社会环境风险 | [20,30] | [45,65] | [5,10] | [5,10] | [1,5] | 2 |
| | 通货膨胀风险 | [25,35] | [50,60] | [5,10] | [1,15] | [5,10] | 2 |
| | 利率风险 | [15,20] | [60,65] | [5,10] | [1,5] | [5,10] | 3 |
| | 政府干预风险 | [30,35] | [75,80] | [10,20] | [1,10] | [0,5] | 1 |
| | 第三方侵权风险 | [1,20] | [75,80] | [15,25] | [1,5] | [0,5] | 3 |
| | 政府人员腐败 | [20,30] | [80,95] | [1,5] | [0,4] | [0,2] | 1 |
| | 公众反对风险 | [20,30] | [65,75] | [1,10] | [1,5] | [0,5] | 2 |
| | 政府信用 | [20,30] | [70,85] | [15,20] | [5,10] | [0,15] | 1 |

附表 H-2  专家调查表 2

| 阶段 | 风险项目 | 有利 | 基本 | 不利 | 较差 | 最坏 | 风险分担分值 |
|---|---|---|---|---|---|---|---|
| 前期阶段风险 | 项目立项风险 | [20,25] | [75,85] | [5,10] | [5,10] | [1,5] | 2 |
| | 项目审批延误风险 | [20,25] | [80,90] | [1,15] | [5,10] | [1,5] | 3 |
| | 勘察设计缺陷风险 | [30,35] | [60,80] | [0,15] | [0,10] | [5,15] | 3 |
| | 项目招投标风险 | [10,15] | [75,85] | [10,15] | [5,10] | [1,5] | 2 |
| | 项目谈判风险 | [25,35] | [50,60] | [15,20] | [5,10] | [1,5] | 3 |
| | 项目规划风险 | [30,35] | [75,80] | [1,15] | [0,5] | [1,5] | 1 |
| | 土地征用风险 | [5,20] | [50,60] | [5,10] | [5,10] | [1,5] | 2 |
| | 项目融资风险 | [25,30] | [70,80] | [5,15] | [5,15] | [1,5] | 4 |

(续表)

| 阶段 | 风险项目 | 有利 | 基本 | 不利 | 较差 | 最坏 | 风险分担分值 |
|---|---|---|---|---|---|---|---|
| 建设阶段风险 | 不良地质条件 | [15,20] | [75,80] | [1,5] | [5,10] | [1,5] | 2 |
| | 建设材料供应商选择风险 | [30,35] | [70,80] | [1,5] | [5,10] | [1,5] | 4 |
| | 监理选择风险 | [30,35] | [60,80] | [5,10] | [1,5] | [1,15] | 1 |
| | 项目成本超支风险 | [5,15] | [40,50] | [1,10] | [0,10] | [1,15] | 4 |
| | 分包商的选择风险 | [30,45] | [70,75] | [1,5] | [4,10] | [1,15] | 4 |
| | 完工风险 | [10,15] | [60,65] | [5,15] | [5,10] | [1,5] | 4 |
| | 施工技术风险 | [35,40] | [60,70] | [10,15] | [5,10] | [1,5] | 5 |
| | 施工安全事故风险 | [20,35] | [75,85] | [5,10] | [1,5] | [1,5] | 4 |
| | 工程质量风险 | [25,30] | [70,80] | [0,10] | [5,10] | [1,5] | 5 |
| | 设备供应商选择风险 | [30,35] | [70,80] | [4,9] | [5,10] | [1,5] | 4 |
| | 组织协调风险 | [35,45] | [60,80] | [1,15] | [0,5] | [1,10] | 3 |
| 运营阶段风险 | 外汇风险 | [10,25] | [70,85] | [1,5] | [2,5] | [1,5] | 3 |
| | 进水水质风险 | [5,15] | [50,55] | [1,10] | [5,10] | [1,5] | 3 |
| | 进水量风险 | [5,20] | [40,60] | [15,20] | [5,10] | [1,5] | 2 |
| | 配套管网完善风险 | [10,15] | [70,75] | [5,10] | [1,5] | [1,10] | 4 |
| | 运营能力欠缺风险 | [20,25] | [60,70] | [1,5] | [1,10] | [0,5] | 4 |
| | 环境标准变化风险 | [15,25] | [50,60] | [5,10] | [1,15] | [1,5] | 3 |
| | 能源供应和价格变化风险 | [10,15] | [40,60] | [10,15] | [5,10] | [1,5] | 4 |
| | 原材料价格变化风险 | [25,35] | [70,80] | [5,10] | [5,10] | [5,9] | 4 |
| | 收费困难风险 | [5,15] | [45,55] | [2,5] | [5,10] | [0,5] | 2 |
| | 员工工资风险 | [5,10] | [70,80] | [1,10] | [0,5] | [1,5] | 4 |
| | 竞争性风险 | [20,30] | [60,70] | [5,10] | [5,10] | [5,15] | 4 |
| 实施周期风险 | 合同风险 | [5,10] | [40,55] | [5,10] | [1,5] | [1,5] | 4 |
| | 不可抗力风险 | [0,10] | [40,55] | [15,25] | [5,10] | [0,10] | 3 |
| | 政策稳定性风险 | [25,35] | [65,80] | [15,25] | [5,15] | [1,5] | 2 |
| | 社会环境风险 | [20,25] | [60,70] | [1,15] | [1,10] | [1,5] | 3 |
| | 通货膨胀风险 | [20,30] | [75,85] | [1,5] | [1,5] | [1,5] | 3 |
| | 利率风险 | [25,30] | [70,80] | [5,10] | [5,10] | [1,5] | 3 |

(续表)

| 阶段 | 风险项目 | 有利 | 基本 | 不利 | 较差 | 最坏 | 风险分担分值 |
|---|---|---|---|---|---|---|---|
| 实施周期风险 | 政府干预风险 | [1,10] | [50,60] | [5,10] | [1,5] | [1,5] | 1 |
| | 第三方侵权风险 | [15,25] | [60,70] | [5,10] | [1,5] | [1,5] | 3 |
| | 政府人员腐败 | [25,30] | [75,80] | [5,10] | [1,5] | [1,5] | 1 |
| | 公众反对风险 | [15,25] | [75,80] | [1,5] | [0,10] | [1,5] | 2 |
| | 政府信用 | [5,10] | [40,60] | [5,10] | [15,20] | [1,5] | 1 |

附表 H-3 专家调查表 3

| 阶段 | 风险项目 | 有利 | 基本 | 不利 | 较差 | 最坏 | 风险分担分值 |
|---|---|---|---|---|---|---|---|
| 前期阶段风险 | 项目立项风险 | [30,35] | [65,75] | [5,10] | [4,10] | [1,5] | 1 |
| | 项目审批延误风险 | [15,25] | [75,85] | [10,15] | [0,10] | [1,5] | 3 |
| | 勘察设计缺陷风险 | [25,30] | [70,80] | [5,10] | [5,10] | [10,15] | 3 |
| | 项目招投标风险 | [10,20] | [70,80] | [5,10] | [1,10] | [0,5] | 2 |
| | 项目谈判风险 | [20,30] | [75,80] | [10,20] | [5,15] | [0,5] | 3 |
| | 项目规划风险 | [20,30] | [65,90] | [5,10] | [0,10] | [0,5] | 1 |
| | 土地征用风险 | [15,20] | [70,75] | [1,8] | [5,15] | [0,5] | 1 |
| | 项目融资风险 | [30,40] | [60,70] | [5,10] | [1,5] | [1,5] | 5 |
| 建设阶段风险 | 不良地质条件 | [10,20] | [76,85] | [5,15] | [3,8] | [0,10] | 3 |
| | 建设材料供应商选择风险 | [25,35] | [65,75] | [10,15] | [5,10] | [1,10] | 4 |
| | 监理选择风险 | [40,50] | [55,75] | [1,15] | [5,10] | [1,5] | 3 |
| | 项目成本超支风险 | [10,20] | [45,50] | [5,10] | [1,5] | [1,10] | 4 |
| | 分包商的选择风险 | [25,35] | [85,95] | [3,10] | [1,7] | [3,5] | 3 |
| | 完工风险 | [5,15] | [55,65] | [10,20] | [1,5] | [1,5] | 4 |
| | 施工技术风险 | [25,30] | [85,90] | [5,10] | [5,10] | [1,5] | 5 |
| | 施工安全事故风险 | [25,30] | [65,75] | [10,15] | [5,10] | [0,5] | 5 |
| | 工程质量风险 | [30,40] | [65,75] | [1,5] | [3,10] | [5,10] | 5 |
| | 设备供应商选择风险 | [30,35] | [65,75] | [5,15] | [4,10] | [0,10] | 4 |
| | 组织协调风险 | [20,25] | [65,70] | [5,10] | [5,10] | [1,5] | 3 |

(续表)

| 阶段 | 风险项目 | 有利 | 基本 | 不利 | 较差 | 最坏 | 风险分担分值 |
|---|---|---|---|---|---|---|---|
| 运营阶段风险 | 外汇风险 | [10,20] | [80,90] | [3,5] | [0,5] | [0,3] | 3 |
| | 进水水质风险 | [10,20] | [65,75] | [5,15] | [1,5] | [1,5] | 3 |
| | 进水量风险 | [10,15] | [45,50] | [1,5] | [5,10] | [0,8] | 3 |
| | 配套管网完善风险 | [20,25] | [55,65] | [1,5] | [1,5] | [1,5] | 3 |
| | 运营能力欠缺风险 | [15,25] | [50,60] | [5,10] | [1,5] | [0,10] | 5 |
| | 环境标准变化风险 | [20,30] | [55,60] | [1,5] | [1,5] | [1,10] | 3 |
| | 能源供应和价格变化风险 | [5,15] | [55,65] | [1,5] | [5,10] | [0,5] | 4 |
| | 原材料价格变化风险 | [15,25] | [65,85] | [1,5] | [3,8] | [2,5] | 4 |
| | 收费困难风险 | [25,30] | [65,70] | [4,8] | [5,10] | [5,10] | 1 |
| | 员工工资风险 | [1,5] | [65,75] | [5,15] | [1,10] | [0,5] | 4 |
| | 竞争性风险 | [15,20] | [75,80] | [5,10] | [0,5] | [5,10] | 3 |
| 实施周期风险 | 合同风险 | [5,15] | [50,60] | [10,20] | [0,10] | [5,10] | 4 |
| | 不可抗力风险 | [15,20] | [55,60] | [5,15] | [5,10] | [1,5] | 3 |
| | 政策稳定性风险 | [10,25] | [70,80] | [1,5] | [1,5] | [1,5] | 2 |
| | 社会环境风险 | [5,15] | [50,60] | [10,15] | [5,10] | [5,10] | 1 |
| | 通货膨胀风险 | [35,40] | [50,70] | [5,10] | [1,5] | [0,5] | 4 |
| | 利率风险 | [10,15] | [50,70] | [5,15] | [0,10] | [0,10] | 4 |
| | 政府干预风险 | [1,5] | [65,70] | [15,20] | [5,15] | [5,10] | 1 |
| | 第三方侵权风险 | [10,15] | [45,60] | [20,30] | [5,10] | [0,5] | 3 |
| | 政府人员腐败 | [15,25] | [80,90] | [3,6] | [3,8] | [2,5] | 1 |
| | 公众反对风险 | [15,20] | [70,80] | [5,15] | [5,10] | [0,6] | 1 |
| | 政府信用 | [5,15] | [50,65] | [0,10] | [10,15] | [10,20] | 1 |

附表 H-4 专家调查表 4

| 阶段 | 风险项目 | 有利 | 基本 | 不利 | 较差 | 最坏 | 风险分担分值 |
|---|---|---|---|---|---|---|---|
| 前期阶段风险 | 项目立项风险 | [35,40] | [60,75] | [1,5] | [10,15] | [1,6] | 1 |
| | 项目审批延误风险 | [25,30] | [75,85] | [5,10] | [1,5] | [1,5] | 3 |
| | 勘察设计缺陷风险 | [30,35] | [65,70] | [5,10] | [15,20] | [0,5] | 3 |

(续表)

| 阶段 | 风险项目 | 有利 | 基本 | 不利 | 较差 | 最坏 | 风险分担分值 |
|---|---|---|---|---|---|---|---|
| 前期阶段风险 | 项目招投标风险 | [10,15] | [75,80] | [1,10] | [5,15] | [0,5] | 1 |
| | 项目谈判风险 | [25,30] | [65,75] | [5,15] | [5,10] | [1,10] | 3 |
| | 项目规划风险 | [15,25] | [70,85] | [10,15] | [5,10] | [5,10] | 2 |
| | 土地征用风险 | [10,20] | [55,65] | [6,15] | [5,10] | [0,10] | 1 |
| | 项目融资风险 | [25,30] | [65,80] | [1,10] | [5,10] | [5,10] | 4 |
| 建设阶段风险 | 不良地质条件 | [20,30] | [70,75] | [1,10] | [2,5] | [1,5] | 4 |
| | 建设材料供应商选择风险 | [45,50] | [60,80] | [1,5] | [1,5] | [0,5] | 4 |
| | 监理选择风险 | [45,50] | [55,70] | [1,5] | [1,5] | [0,10] | 4 |
| | 项目成本超支风险 | [10,15] | [55,60] | [5,10] | [1,15] | [0,5] | 5 |
| | 分包商的选择风险 | [15,20] | [90,95] | [4,9] | [3,15] | [0,5] | 4 |
| | 完工风险 | [10,15] | [60,80] | [5,10] | [5,10] | [5,10] | 5 |
| | 施工技术风险 | [25,35] | [70,80] | [5,15] | [5,10] | [0,6] | 5 |
| | 施工安全事故风险 | [25,30] | [70,80] | [5,10] | [8,14] | [0,4] | 4 |
| | 工程质量风险 | [25,30] | [60,75] | [5,10] | [5,10] | [0,10] | 5 |
| | 设备供应商选择风险 | [35,45] | [55,75] | [7,10] | [1,5] | [2,9] | 5 |
| | 组织协调风险 | [25,30] | [60,70] | [10,15] | [3,5] | [0,5] | 3 |
| 运营阶段风险 | 外汇风险 | [20,25] | [80,90] | [2,5] | [1,5] | [1,5] | 2 |
| | 进水水质风险 | [15,20] | [65,70] | [5,10] | [5,10] | [0,15] | 2 |
| | 进水量风险 | [10,20] | [55,70] | [10,15] | [5,10] | [1,5] | 4 |
| | 配套管网完善风险 | [15,20] | [60,70] | [15,25] | [5,15] | [0,15] | 4 |
| | 运营能力欠缺风险 | [10,30] | [50,60] | [5,10] | [5,10] | [5,10] | 5 |
| | 环境标准变化风险 | [25,35] | [75,85] | [1,10] | [1,5] | [0,10] | 3 |
| | 能源供应和价格变化风险 | [10,15] | [70,80] | [5,15] | [5,10] | [1,5] | 4 |
| | 原材料价格变化风险 | [20,25] | [75,85] | [7,15] | [5,10] | [6,10] | 3 |
| | 收费困难风险 | [25,30] | [70,80] | [5,15] | [5,10] | [5,10] | 1 |
| | 员工工资风险 | [10,20] | [60,70] | [1,5] | [1,5] | [0,5] | 5 |
| | 竞争性风险 | [25,35] | [65,70] | [1,5] | [1,5] | [1,15] | 4 |

(续表)

| 阶段 | 风险项目 | 有利 | 基本 | 不利 | 较差 | 最坏 | 风险分担分值 |
|---|---|---|---|---|---|---|---|
| 实施周期风险 | 合同风险 | [10,20] | [55,65] | [15,20] | [5,10] | [0,5] | 3 |
| | 不可抗力风险 | [10,25] | [50,70] | [10,15] | [10,15] | [5,10] | 3 |
| | 政策稳定性风险 | [15,20] | [85,90] | [5,10] | [1,5] | [0,5] | 1 |
| | 社会环境风险 | [15,30] | [50,60] | [5,10] | [5,10] | [0,5] | 2 |
| | 通货膨胀风险 | [35,45] | [55,60] | [5,10] | [0,10] | [0,10] | 4 |
| | 利率风险 | [15,25] | [55,60] | [10,20] | [1,5] | [10,20] | 3 |
| | 政府干预风险 | [15,20] | [60,65] | [5,10] | [0,10] | [0,5] | 1 |
| | 第三方侵权风险 | [10,20] | [70,75] | [5,15] | [5,10] | [0,5] | 4 |
| | 政府人员腐败 | [20,25] | [80,90] | [0,5] | [5,10] | [0,5] | 1 |
| | 公众反对风险 | [35,40] | [60,70] | [1,5] | [1,10] | [5,9] | 1 |
| | 政府信用 | [10,20] | [50,70] | [5,15] | [0,5] | [0,5] | 1 |

附表 H-5 专家调查表 5

| 阶段 | 风险项目 | 有利 | 基本 | 不利 | 较差 | 最坏 | 风险分担分值 |
|---|---|---|---|---|---|---|---|
| 前期阶段风险 | 项目立项风险 | [15,25] | [70,80] | [10,15] | [7,15] | [0,5] | 2 |
| | 项目审批延误风险 | [15,20] | [85,90] | [1,10] | [0,5] | [0,5] | 4 |
| | 勘察设计缺陷风险 | [40,50] | [55,65] | [10,15] | [1,10] | [1,5] | 3 |
| | 项目招投标风险 | [20,30] | [77,85] | [1,5] | [1,5] | [1,10] | 1 |
| | 项目谈判风险 | [25,30] | [60,70] | [10,25] | [10,15] | [5,10] | 3 |
| | 项目规划风险 | [20,30] | [85,95] | [5,10] | [2,5] | [1,5] | 2 |
| | 土地征用风险 | [15,20] | [50,70] | [5,10] | [5,15] | [5,10] | 2 |
| | 项目融资风险 | [20,35] | [70,75] | [5,10] | [5,10] | [1,5] | 5 |
| 建设阶段风险 | 不良地质条件 | [15,20] | [70,80] | [5,10] | [5,10] | [1,5] | 3 |
| | 建设材料供应商选择风险 | [25,30] | [50,75] | [15,20] | [5,15] | [3,10] | 4 |
| | 监理选择风险 | [35,45] | [60,70] | [5,15] | [10,15] | [5,10] | 4 |
| | 项目成本超支风险 | [20,25] | [40,60] | [10,15] | [5,10] | [1,5] | 5 |
| | 分包商的选择风险 | [20,25] | [80,90] | [3,8] | [1,5] | [1,10] | 5 |
| | 完工风险 | [5,10] | [45,55] | [15,20] | [0,10] | [0,5] | 5 |

(续表)

| 阶段 | 风险项目 | 有利 | 基本 | 不利 | 较差 | 最坏 | 风险分担分值 |
|---|---|---|---|---|---|---|---|
| 建设阶段风险 | 施工技术风险 | [20,30] | [75,85] | [1,15] | [1,10] | [5,10] | 5 |
| | 施工安全事故风险 | [15,20] | [70,80] | [10,20] | [6,9] | [1,5] | 5 |
| | 工程质量风险 | [20,25] | [60,70] | [3,15] | [1,5] | [1,10] | 5 |
| | 设备供应商选择风险 | [30,40] | [60,70] | [6,15] | [3,15] | [1,5] | 5 |
| | 组织协调风险 | [15,20] | [65,75] | [5,15] | [2,8] | [5,10] | 4 |
| 运营阶段风险 | 外汇风险 | [10,15] | [75,85] | [1,7] | [2,8] | [0,5] | 1 |
| | 进水水质风险 | [5,20] | [40,60] | [5,10] | [0,5] | [5,10] | 3 |
| | 进水量风险 | [5,15] | [50,60] | [5,10] | [4,8] | [3,9] | 4 |
| | 配套管网完善风险 | [5,15] | [45,60] | [5,10] | [1,10] | [5,10] | 3 |
| | 运营能力欠缺风险 | [20,30] | [55,70] | [5,15] | [5,15] | [1,5] | 5 |
| | 环境标准变化风险 | [15,20] | [50,70] | [5,10] | [5,10] | [5,10] | 3 |
| | 能源供应和价格变化风险 | [20,25] | [65,70] | [5,10] | [5,10] | [5,10] | 3 |
| | 原材料价格变化风险 | [30,40] | [75,80] | [4,9] | [5,10] | [1,5] | 4 |
| | 收费困难风险 | [20,25] | [50,70] | [1,5] | [5,10] | [1,5] | 2 |
| | 员工工资风险 | [15,25] | [75,80] | [5,15] | [5,10] | [1,5] | 5 |
| | 竞争性风险 | [15,20] | [75,85] | [5,15] | [5,10] | [1,5] | 4 |
| 实施周期风险 | 合同风险 | [15,25] | [60,70] | [5,15] | [1,5] | [0,10] | 3 |
| | 不可抗力风险 | [10,20] | [45,60] | [0,5] | [1,5] | [0,10] | 3 |
| | 政策稳定性风险 | [15,25] | [80,90] | [0,5] | [5,10] | [0,10] | 1 |
| | 社会环境风险 | [10,20] | [60,65] | [5,15] | [1,5] | [5,10] | 1 |
| | 通货膨胀风险 | [30,40] | [65,70] | [1,5] | [10,15] | [5,10] | 3 |
| | 利率风险 | [20,25] | [70,80] | [1,10] | [5,9] | [0,10] | 3 |
| | 政府干预风险 | [10,20] | [55,65] | [5,10] | [5,10] | [5,10] | 1 |
| | 第三方侵权风险 | [5,10] | [50,60] | [0,10] | [0,10] | [1,5] | 3 |
| | 政府人员腐败 | [10,15] | [85,95] | [5,10] | [0,5] | [5,8] | 1 |
| | 公众反对风险 | [25,35] | [50,60] | [5,10] | [1,5] | [0,3] | 2 |
| | 政府信用 | [15,20] | [55,60] | [10,20] | [10,15] | [1,5] | 1 |

# 参考文献

[1] 程哲,欧阳如琳,杨振山,等.中国城镇化进程中基础设施投融资时空格局与发展特征[J].地理科学进展,2016,35(4):440-449.

[2] Sundaram J K, Chowdhury A, Sharma K, et al. Public – Private Partnerships and the 2030 Agenda for Sustainable Development: Fit for purpose? [R]. United Nations, Department of Economics and Social Affairs, 2016.

[3] 胡海峰,陈世金.创新融资模式 化解新型城镇化融资困境[J].经济学动态,2014(7):57-69.

[4] 王蕴,胡金瑛,徐策.我国地方政府债务性融资模式选择[J].经济研究参考,2012(2):60-81.

[5] 李珊珊.浅析政府提供公共物品存在的弊端及其对策[J].中共乐山市委党校学报,2011,13(3):45-47.

[6] 李敏,徐顽强.政府购买社会组织服务:理论溯源与研究进路[J].扬州大学学报(人文社会科学版),2020,24(3):74-87.

[7] 国家发展改革委.关于开展政府和社会资本合作的指导意见(发改投资〔2014〕2724号)[EB/OL].[2020-09-05].https://www.gov.cn/zhengce/2016-05/22/content_5075602.htm.

[8] 刘穷志,张森.中国PPP的发展历程、主要问题与改革展望[J].财政监督,2017(4):5-9.

[9] 余卫民.PPP模式可持续发展问题研究[J].经济研究参考,2019(19):117-128.

[10] 曲哲涵.二季度PPP主要指标迎10个季度以来首次明显回升[EB/OL].[2020-09-05].https://www.cpppc.org/PPPyw/999375.jhtml.

[11] Soomro M A, Zhang X. Evaluation of the functions of public sector partners in transportation public-private partnerships failures[J]. Journal of Management in Engineering, 2016, 32(1): 04015027.

[12] 江春霞.交通基础设施PPP项目失败诱因及启示:基于25个PPP典型案例的分析[J].北京交通大学学报(社会科学版),2016,15(3):50-58.

[13] 中华人民共和国财政部.关于印发《政府和社会资本合作物有所值评价指引(试行)》的通知(财金〔2015〕167号)[EB/OL].(2015-12-18)[2020-09-05].https://www.mof.gov.cn/gp/xxgkml/jrs/201512/t20151229_2512409.html.

[14] 程哲,王欢明,熊伟,等.从Value for Money到Value for People:PPP物有所值评价的反思[J].政府管制评论,2017(1):97-113.

[15] 申玉玉,杜静.公共项目采用私人主动融资模式的资金价值分析[J].建筑管理现代化,2008(3):53-55.

[16] Private Finance Initiative (PFI) and Private Finance 2 (PF2): Budget 2018 brief[R]. HM Treasury, 2018-10-29.

[17] 吴洪樾,袁竞峰,杜静.国际PPP项目物有所值定性评价及对我国的启示[J].建筑经济,2017,38(3):38-42.

[18] PPP Canada. Federal P3 Screen: The Guide for Federal Departments and Agencies[S/OL]. [2020-09-15]. https://www.strategicefficiency.org/ppp-canada-federal-p3-screen-p3-business-case-development-guide-and-federal-screening-matrix/.

[19] Department of Infrastructure and Regional Development. National Public Private Partnerships Policy Framework[M/OL]. [2020-09-15]. https://www.infrastructure.gov.au/infrastructure/ngpd/files/National-PPP-Policy-Framework-Oct-2015.pdf.

[20] Department of Infrastructure and Regional Development. National Public Private Partnership Guidelines Overview [M/OL]. [2020-09-15]. https://www.infrastructure.gov.au/infrastructure/ngpd/files/Overview-Dec-2008-FA.pdf.

[21] Department of Infrastructure and Regional Development. National Public Private Partnership Guidelines Volume 1: Procurement Options Analysis[M/OL]. [2020-09-15]. https://www.infrastructure.gov.au/infrastructure/ngpd/files/Volume-1-Procurement-Options-Analysis-Dec-2008-FA.pdf.

[22] Department of Infrastructure and Regional Development. National Public Private Partnership Guidelines Volume 4: Public Sector Comparator

Guidance[M/OL].[2020-09-15].https://www.infrastructure.gov.au/infrastructure/ngpd/files/Volume-4-PSC-Guidance-Dec-2008-FA.pdf.

[23] Grimsey D, Lewis M K. Are Public Private Partnerships value for money? [J]. Accounting Forum, 2005,29(4):345-378.

[24] Federal Highway Administration Office of Innovative Program Delivery. P3-Screen Supporting[R], 2013.

[25] Department of Transportation. Public-Private Partnership (P3) Procurement: A Guide for Public Owners[R], 2019.

[26] 四川省财政厅,四川省发展和改革委员会.关于规范政府与社会资本合作(PPP)项目实施有关问题的通知(川财金〔2016〕77号)[EB/OL].[2020-09-10]. https://www.fghb.fubangnet.com/hjms/desktop/content.php?id=1432.

[27] Petersen O H. Evaluating the costs, quality, and value for money of infrastructure public-private partnerships: a systematic literature review [J]. Annals of Public and Cooperative Economics, 2019, 90(2):227-244.

[28] Shaoul J. A financial analysis of the National Air Traffic Services PPP[J]. Public Money Management, 2003, 23(3):185-194.

[29] Morallos D, Amekudzi A. The state of the practice of value for money analysis in comparing public private partnerships to traditional procurements [J]. Public Works Management Policy, 2008, 13(2):114-125.

[30] Kweun J Y, Wheeler P K, Gifford J L. Evaluating highway public-private partnerships: Evidence from US value for money studies[J]. Transport policy, 2018, 62:12-20.

[31] Takim R, Ismail K, Nawawi A H, et al. The Malaysian private finance initiative and value for money[J]. Asian Social Science, 2009, 5(3):103-111.

[32] Cruz C O, Marques R C. Theoretical Considerations on Quantitative PPP Viability Analysis[J]. Journal of Management in Engineering, 2014, 30(1):122-126.

[33] Coulson A. Value for money in PFI proposals: a commentary on the UK treasury guidelines for public sector comparators [ J ]. Public

Administration, 2008, 86(2): 483-498.

[34] van Wyk R, Bowen P, Akintoye A. Project risk management practice: The case of a South African utility company[J]. International Journal of Project Management, 2008, 26(2): 149-163.

[35] Quiggin J. Risk, PPPs and the public sector comparator[J]. Australian Accounting Review, 2004, 14(33): 51-61.

[36] 申玉玉. PPP/PFI 模式的资金价值（VFM）评估方法研究[D]. 南京:东南大学, 2008.

[37] 高会芹, 刘运国, 亓霞, 等. 基于PPP模式国际实践的VFM评价方法研究:以英国、德国、新加坡为例[J]. 项目管理技术, 2011, 9(3): 18-21.

[38] 刘勇, 肖翥, 许叶林. 基础设施 PPP 项目评价与立项决策的再思考:基于PPP模式的国际实践经验 [J]. 科技管理研究, 2015, 35(8): 185-190.

[39] 李佳嵘. 基于我国国情的PSC评价体系研究[D]. 北京:清华大学, 2011.

[40] 孙慧, 周颖, 范志清. PPP项目评价中物有所值理论及其在国际上的应用[J]. 国际经济合作, 2009(11): 70-74.

[41] 胡蛇庆, 林琳, 章薇. PPP项目决策中运用物有所值评价方法的国际经验及启示 [J]. 金融纵横, 2017(8): 83-88.

[42] 孙晓丽. 基于风险分担的BOT污水处理项目VFM评价分析[D]. 大连:大连理工大学, 2013.

[43] 钟云, 薛松, 严华东. PPP模式下水利工程项目物有所值决策评价[J]. 水利经济, 2015, 33(5): 34-38,78-79.

[44] 张晓然. 城市轨道交通 PPP 项目的物有所值定量评价研究[D]. 北京:北京交通大学, 2016.

[45] 刘辰星. 海绵城市项目物有所值定量评价研究[D]. 北京:北京建筑大学, 2017.

[46] 马垚垚, 王明吉. PPP物有所值定性评价应用及优化路径[J]. 知识经济, 2018(18): 41-43.

[47] 陈文学. PPP 项目物有所值评价体系优化方案设计和实施[D]. 济南:山东大学, 2019.

[48] 罗涛, 李晓鹏, 汪伦焰, 等. 城市水生态 PPP 项目物有所值定性评价研究[J]. 人民黄河, 2017, 39(1): 87-91.

[49] 陈晶琳. 城市地下综合管廊PPP项目物有所值评价优化研究[J]. 建筑经济, 2019, 40(2): 40-45.

[50] 蔡林东. PPP项目物有所值定性评价方法的研究[D]. 杭州: 浙江大学, 2019.

[51] 高华, 侯晓轩. PPP物有所值评价中折现率的选择: 基于STPR法与CAPM模型[J]. 财会月刊, 2018(8): 107-112.

[52] 王姚姚, 尹贻林, 陈梦龙. 物有所值定量评价中折现率取值研究: 基于第三批示范项目数据分析[J]. 项目管理技术, 2018, 16(2): 19-25.

[53] 苏汝劼, 胡富捷. 基础设施PPP项目定量VFM评价方法研究: 以北京地铁四号线为例[J]. 宏观经济研究, 2017(5): 74-79, 133.

[54] 常雅楠, 王松江. 基于风险量化的PPP项目物有所值评价研究[J]. 项目管理技术, 2016, 14(11): 29-33.

[55] 陈思阳, 王明吉. PPP项目"物有所值"评价(VFM)体系研究[J]. 财政科学, 2016(8): 65-71.

[56] 彭为, 陈建国, Cui Qingbin, 等. 公私合作项目物有所值评估比较与分析[J]. 软科学, 2014, 28(5): 28-32, 42.

[57] 崔彩云, 王建平, 刘勇. 基础设施PPP项目物有所值(VFM)评价研究综述[J]. 土木工程与管理学报, 2016, 33(4): 57-62.

[58] 杜静. 公共项目应用私人主动融资(PFI)模式的方法研究[D]. 南京: 东南大学, 2007.

[59] HM Treasury. A New Approach to Public Private Partnerships[R], 2012.

[60] 姜爱华. 政府采购"物有所值"制度目标的含义及实现: 基于理论与实践的考察[J]. 财政研究, 2014(8): 72-74.

[61] Glendinning R. The concept of value for money[J]. International Journal of Public Sector Management, 1988, 1(1): 42050.

[62] National Audit Office. Assessing value for money[EB/OL]. [2020-09-03]. https://www.nao.org.uk/successful-commissioning/general-principles/value-for-money/assessing-value-for-money/.

[63] HM Treasury. Value for Money Assessment Guidance[R], 2006.

[64] PPP Canada. New Building Canada Fund: Procurement Options Analysis Guide[R], 2013.

[65] U S Department of Transportation, Federal Highway Administration. Value for Money Assessment for Public-Private Partnership: A Primer [M/OL]. [2020-09-25]. https://www.transportation.gov/sites/dot.gov/files/docs/p3_value_for_money_primer_122612.pdf.

[66] The World Bank. International Bank for Reconstruction and Development. Public-Private Partnership Reference Guide[R], 2017.

[67] Samuelson P A. The Pure Theory of Public Expenditure[J]. The Review of Economic and Statistics, 1954, 36(4): 387-389.

[68] Buchanan J M. An Economic Theory of Clubs[J]. Economica, 1965, 32(125): 1-14.

[69] 陈其林,韩晓婷. 准公共产品的性质:定义、分类依据及其类别[J]. 经济学家, 2010(7): 13-21.

[70] 刘佳丽,谢地. 西方公共产品理论回顾、反思与前瞻:兼论我国公共产品民营化与政府监管改革[J]. 河北经贸大学学报, 2015, 36(5): 11-17.

[71] 余斌,许敏. 西方公共产品供给理论局限于公共经济的有效供给[J]. 重庆社会科学, 2014(9): 122-126.

[72] 叶晓甦,石世英,刘李红. PPP项目伙伴主体、合作环境与公共产品供给的关系研究:基于结构方程模型的分析[J]. 北京交通大学学报(社会科学版), 2017, 16(1): 45-54.

[73] Coase R H. The nature of the firm[M]// Essential readings in economics. London:Macmillan Education UK, 1995: 37-54.

[74] Dahlman C J. The problem of externality[J]. The Journal of Law and Economics, 1979, 22(1): 141-162.

[75] Dugger W M. The Economic Institutions of Capitalism[J]. Journal of Economic Issues, 1987,21(1):528-530.

[76] Rindfleisch A. Transaction cost theory: past, present and future[J]. AMS Review, 2020,10(1/2):85-97.

[77] Williamson O E. Transaction-cost economics: the governance of contractual relations[J]. The Journal of Law and Economics, 1979, 22(2): 233-261.

[78] 白祖纲. 公私伙伴关系视野下的地方公共物品供给[D]. 苏州:苏州大学, 2014.

[79] 叶苏东. 项目融资:理论与案例[M]. 北京:清华大学出版社,2008.

[80] Brundtland G H, Khalid M, Agnelli S, et al. Our common future[M]. Oxford:Oxford University Press,1987.

[81] Gibson R B. Specification of sustainability-based environmental assessment decision criteria and implications for determining "significance" in environmental assessment[J].Journal of Periodontology, 2000,80(9):1393-1398.

[82] 王天义. 全球化视野的可持续发展目标与 PPP 标准:中国的选择[J]. 改革,2016(2):20-34.

[83] Elkington J. Towards the sustainable corporation:Win-win-win business strategies for sustainable development[J]. California Management Review,1994,36(2):90-100.

[84] United Nations. Transforming our world:the 2030 Agenda for Sustainable Developmen[R/OL].[2020-09-27]. https://sustainabledevelopment.un.org/content/documents/21252030%20Agenda%20for%20Sustainable%20Development%20web.pdf.

[85] 吴洪樾. 可持续视角下 PPP 项目的资本结构选择研究[D]. 南京:东南大学,2019.

[86] 熊伟,诸大建. 以可持续发展为导向的 PPP 模式的理论与实践[J]. 同济大学学报(社会科学版),2017,28(1):78-84,103.

[87] Lesser Jr A. Engineering economy in the United States in retrospect—An analysis[J]. The Engineering Economist,1969,14(2):109-116.

[88] Wellington A M. The Economic Theory of the Location of Railways:An Analysis of the Conditions Controlling the Laying Out of Railways in Effect this Most Judicious Expenditure of Capital[M]. New York:John Wiley & Sons,1887.

[89] Goldman O B. Financial Engineering[M]. New York:Wiley,1920.

[90] Grant E L, Ireson W G. Principles of engineering economy[M]. New York:Wiley,1930.

[91] Magyar W B. Economic Evaluation of Engineering Projects[J]. The Engineering Economist,1968,13(2):67-86.

[92] 黄有亮,徐向阳,谈飞,等.工程经济学[M].3 版.南京:东南大学出版社,2015.

[93] 苏汝劼,胡富捷.基础设施 PPP 项目定量 VFM 评价方法研究:以北京地铁四号线为例[J].宏观经济研究,2017(5):74-79,133.

[94] 宋海洲,王志江.客观权重与主观权重的权衡[J].技术经济与管理研究,2003(3):62-62.

[95] 祝欣.定量分析法评估 PPP 项目中折现率的确定[D].北京:首都经济贸易大学,2019.

[96] 财政部政府和社会资本合作中心.PPP 物有所值研究[M].北京:中国商务出版社,2014.

[97] 叶建强.PPP 项目财政运营补贴公式在财务实务中的运用[J].财会研究,2018(3):43-47.

[98] 苏华.PPP 模式的反垄断问题与竞争中立:基于美国路桥基础设施建设项目的分析[J].国际经济合作,2016(9):76-83.

[99] 高翠娟,张桦,胡玉清,等.集值统计方法在项目风险概率估计中的应用[J].统计与决策,2012(7):92-93.